何以成为一名合格的
网格员

徐岑琛 黄丽 黄科 陈朋 编

 南京大学出版社

图书在版编目(CIP)数据

何以成为一名合格的网格员 / 徐岑琛等编. — 南京：南京大学出版社，2025.8

ISBN 978-7-305-27782-5

Ⅰ.①何… Ⅱ.①徐… Ⅲ.①社会管理－中国 Ⅳ.①D63

中国国家版本馆 CIP 数据核字(2024)第 076019 号

出版发行	南京大学出版社		
社　　址	南京市汉口路 22 号	邮　编	210093

书　　名 何以成为一名合格的网格员
　　　　　HEYI CHENGWEI YIMING HEGE DE WANGGEYUAN

编　　者	徐岑琛　黄丽　黄科　陈朋		
责任编辑	田　甜	编辑热线	025-83593947
照　　排	南京南琳图文制作有限公司		
印　　刷	江苏凤凰通达印刷有限公司		
开　　本	635 mm×965 mm　1/16　印张 10.75　字数 157 千		
版　　次	2025 年 8 月第 1 版　2025 年 8 月第 1 次印刷		
ISBN 978-7-305-27782-5			
定　　价	55.00 元		

网址：http://www.njupco.com
官方微博：http://weibo.com/njupco
官方微信号：njupress
销售咨询热线：(025) 83594756

* 版权所有，侵权必究
* 凡购买南大版图书，如有印装质量问题，请与所购图书销售部门联系调换

序　言

基层治理是社会治理体系的重要组成部分，是实现社会和谐稳定、推进国家治理现代化的根基。网格化治理作为一种创新方式，以其高效、精准、可持续的优势，成为新时代社会治理的重要手段。江苏始终注重加强基层治理，尤其在网格化治理方面取得了显著成效。为了进一步提升基层治理能力、优化基层治理结构，江苏对网格员的培养和能力提升提出了更高的要求。网格员不仅是基层治理体系中的一线执行者，还是连接政府与群众的纽带。新时代发展背景下，全面提升网格员的专业素养、服务能力和创新思维显得尤为重要。

实践证明，网格化治理将社会管理和服务的责任细化到每一个网格单元，形成"横向到边、纵向到底"的社会治理网络。这种模式使政府能够更加精准、高效地掌握基层社会动态，提升社会管理的精准度和灵活性。对于江苏省而言，网格化治理具有重要的现实意义和深远的战略意义。其一，提升基层治理的效率和精准性。网格化治理通过将社会管理的各类任务分解到最基层的网格单位，能够精准、迅速地掌握社情民意，实现快速响应。其二，提高基层公共服务能力。网格化治理不仅是管理的过程，还是服务的过程。江苏省各地通过网格化管理，践行了"服务到家"的理念。网格员通过定期走访、入户调查、在线服务等方式，了解群众需求，帮助解决基层百姓的实际困难，推动社区服务功能的全面提升。其三，强化社会风险防控与突发事件应对能力。江苏地处长江三角洲地区，社会治理的任务相对繁重。在突发事件、自然灾害、公共安全事件等面前，网格化治理的作用愈加凸显。通过网格化治理，基层能够在第一时间收集到有关信息，为应急响应提供精准的数据支持，使得政府能在最短的时间内启动应急预案，最大限度地减少灾难和风险带来的负面影响。

作为基层治理的主力军，网格员的素质和能力影响着网格化治理的效能。不断提高网格员的专业素质和创新能力、推动网格化治理行稳致远是现阶段重要任务之一。这就意味着，要持续提升职业素养与工作技能。网格员既是社会治理的"前线兵"，又是服务群众的"桥梁"。为确保网格员能够适应日益复杂的工作环境，必须通过系统化的培训，提升其职业素养、沟通能力、问题处理能力和应急处置能力。只有培养出一支高素质的网格员队伍，才能在实际工作中高效、精准地处理各种社会问题。同时，要强化理论与实践相结合的培训模式。网格员培训不仅注重理论知识的学习，而且强调实践操作的能力培养。通过定期组织实地考察、案例分析和现场演练等形式，让网格员在实践中不断积累经验、提高能力。培训内容涵盖社会治理、信息采集、风险防控、法律法规等多个方面，确保网格员具备全面的专业素质。此外，激发职业责任感与使命感。作为基层治理的骨干力量，网格员肩负着沉甸甸的责任。因此，要让他们真正认识到自己的工作不仅关乎自身的发展，更关乎社会的和谐与进步。通过培训，网格员能够更加自觉地履行岗位职责，成为联系群众、服务群众的桥梁和纽带。

基于此，江苏省社会科学院编写了《何以成为一名合格的网格员》，旨在为全省网格员提供一套系统、全面的学习指南，帮助网格员在实际工作中更好地履行职责，推进江苏省基层治理工作走深走实。希望这本书能让广大网格员在快速变化的社会环境中，始终保持敏锐的洞察力和灵活的应变能力，做好"服务员"和"信息员"，为江苏省社会治理现代化实现新提升贡献更大的力量。

新时代赋予了我们更大的责任和使命，网格员在基层社会治理中的作用愈加重要。唯有继续坚持创新引领、服务为本，不断深化网格化治理和网格员培训，为建设更高效、更和谐的社会治理体系贡献智慧与力量。相信在大家的共同努力下，江苏的基层治理工作定会迈上新台阶，谱写出更加美好的社会治理新篇章。

夏锦文
2025 年 3 月于南京

目 录

第一章 何谓网格员 ... 1

第一节 什么是网格员 ... 1
一、网格员出现的背景 ... 2
二、网格员的职业定位 ... 5
三、网格员队伍配置与未来发展 ... 7

第二节 网格员的角色扮演 ... 9
一、信息采集员 ... 10
二、百姓办事员 ... 12
三、矛盾调解员 ... 13
四、安全监督员 ... 14
五、社会事务协管员 ... 15
六、政策宣传员 ... 15

第三节 网格员的基本职责 ... 17
一、采集基础信息 ... 17
二、收集社情民意 ... 18
三、事件发现与处理 ... 19

四、组织治安巡防 ………………………………………… 19
　　五、调解矛盾纠纷 ………………………………………… 20
　　六、服务网格群众 ………………………………………… 20
　　七、做好政策宣传 ………………………………………… 21
　　八、完成上级部门和网格管理机构交办的其他工作任务 … 22
 第四节　网格员的岗位要求 …………………………………… 22
　　一、为人民服务是网格员工作的出发点和根本落脚点 … 23
　　二、网格员的岗位要求 …………………………………… 28
　　三、网格员的能力要求 …………………………………… 31
　　四、网格员的内在要求 …………………………………… 33

第二章　网格员需具备哪些素养 ………………………………… 35
 第一节　网格员应树立的价值观 ……………………………… 35
　　一、品行端正 ……………………………………………… 36
　　二、热爱祖国 ……………………………………………… 39
　　三、为民奉献 ……………………………………………… 42
　　四、团结合作 ……………………………………………… 43
 第二节　网格员应具备的政治素养 …………………………… 46
　　一、对党忠诚的政治品格 ………………………………… 46
　　二、人民至上的政治立场 ………………………………… 48
　　三、知重负重的政治担当 ………………………………… 49
　　四、卓越优异的政治能力 ………………………………… 51
 第三节　网格员应具备的法律素养 …………………………… 53
　　一、遵纪守法 ……………………………………………… 54
　　二、学法懂法 ……………………………………………… 55
　　三、依法办事 ……………………………………………… 58

第三章 网格员需提升哪些能力 ·········· 63

第一节 服务群众能力 ·········· 64
一、人民至上，树立服务理念 ·········· 64
二、知己知彼，了解服务对象 ·········· 67
三、深化调研，丰富服务内容 ·········· 68

第二节 沟通表达能力 ·········· 72
一、善于共情 ·········· 72
二、创设情境 ·········· 74
三、及时回复 ·········· 75

第三节 信息收集能力 ·········· 78
一、信息收集前注重提醒和告知 ·········· 79
二、信息收集时注重分类和判断 ·········· 79
三、信息收集后注重答疑和总结 ·········· 81

第四节 矛盾化解能力 ·········· 85
一、厘清矛盾类型，靶向解决矛盾 ·········· 85
二、树立法治思维，加强普法宣传 ·········· 87
三、巧用望闻问切，提升化解效率 ·········· 89

第四章 网格员需掌握哪些法律法规 ·········· 93

第一节 《中华人民共和国民法典》相关内容 ·········· 93
一、关于物权的法律法规 ·········· 93
二、关于婚姻家庭的法律法规 ·········· 94
三、关于继承等方面的法律法规 ·········· 94

第二节 《江苏省城乡网格化服务管理办法》相关内容 ·········· 95

第三节 各城市（地区）网格化服务相关条款 ·········· 103
一、江苏省外部分城市（地区）网格化服务管理条例 ······ 104

二、江苏省各地区网格化服务管理条例简介……………… 125
第五章　网格员需锻炼哪些技巧……………………………… 129
　第一节　组织动员群众技巧………………………………… 129
　　一、动员群众……………………………………………… 129
　　二、召开居民会议………………………………………… 130
　　三、社区媒体宣传………………………………………… 132
　　四、网络传媒利用………………………………………… 133
　　五、组织志愿者…………………………………………… 133
　第二节　纠纷排查化解技巧………………………………… 135
　　一、面对面调解法………………………………………… 136
　　二、背靠背调解法………………………………………… 136
　　三、换位思考法…………………………………………… 138
　　四、褒扬激励法…………………………………………… 139
　　五、情感触动法…………………………………………… 140
　　六、明法析理法…………………………………………… 140
　　七、利弊分析法…………………………………………… 141
　　八、热处理法和冷处理法………………………………… 141
　　九、调查举证法…………………………………………… 142
　　十、重点突破法…………………………………………… 142
　　十一、批评教育法………………………………………… 143
　　十二、代入舆论情境法…………………………………… 144
　　十三、多方协助调解法…………………………………… 144
　第三节　巡查走访技巧……………………………………… 146
　　一、巡查走访原则………………………………………… 146
　　二、巡查走访任务………………………………………… 147

三、巡查走访内容……………………………………148
　　四、巡查走访要求……………………………………149
第四节　突发事件应对技巧………………………………150
　　一、迅速控制事态……………………………………150
　　二、准确找到突发事件症结…………………………152
　　三、及时向社会通报事件进展………………………153
　　四、果断解决问题……………………………………153
　　五、总结经验教训……………………………………154
第五节　上级交办事务处理技巧…………………………155
　　一、精准领会意图，彰显善解人意特质……………155
　　二、明确责任，科学设置预案………………………156
　　三、借智借力，适时协调关系………………………157
　　四、梳理思路，明确轻重缓急………………………158
　　五、有始有终，主动反馈信息………………………158

结　　语………………………………………………………159

第一章　何谓网格员

第一节　什么是网格员

2020年5月11日，中国就业培训技术指导中心受中华人民共和国人力资源和社会保障部委托，面向社会公开征集新职业信息，后经有关行业部委、行业协会（学会）、企业及研究机构申报建议和专家评审论证等程序，拟新增10个新职业信息，包括：区块链工程技术人员、社区网格员、互联网营销师、信息安全测试员、区块链应用操作员、核酸检测员、在线学习服务师、社群健康助理员、老年健康评估师、增材制造（3D打印）设备操作员。其中"社区网格员"不仅被列为10个新职业之一，也被明确定义为"运用现代城市网络化管理技术，巡查、核实、上报、处置市政工程（公用）设施、市容环境、社会管理事务等方面的问题，并对相关信息进行采集、分析、处置的人员"。同时，《关于对拟发布新职业信息进行公示的公告》对社区网格员的主要工作任务进行了表述，即操作信息采集设备，巡查、发现网格内市政工程（公用）设施、市容环境、社会管理事务等方面的问题，受理相关群众举报；操作系统平台对发现或群众举报的网格内市政工程（公用）设施、市容环境、社会管理事务等方面的问题进行核实、上报、记录；研究网格内市政工程（公用）设施、市容环境、社会管理事务等方面问题的立案事宜，提出处置方案；负责通知问题相关的责任单位，并协助解决问题；核实上级通报的问题，协助责任单位处置，并反馈处置结果；收集、整理、分析相关信息、数据，提出网格内城市治理优化建议。① 网格员作为新世纪以来伴随着"网格化"工作实践而涌现的一种新职业，其出现、成长并成为当前社会基层治理的主力军，从侧面反映了我国新世纪以来的社会变化及需求特点。

一、网格员出现的背景

网格员这一新职业是在历史发展中形成的，是伴随着城市从管理走向治理的过程出现的。

中华人民共和国成立之初，单位制是构成城市空间单元和实现社会治理的工具。每个单位，集经济生产、资源分配、社会控制等职能于一身，体量大而功能全，很多单位内甚至设有学校、医院等等。单位制适应于国家政权建设的第一阶段，是最早的基层治理实现方式。改革开放后，国家在市场领域实行分权，企业面临改革和转型，剥离了原来的社会性职能，此时单位制的社会整合功能被不断削弱，街居制逐渐替代单位制，成为基层治理的主要形式。到20世纪90年代，在分税制和社区建设改革的推动下，街居制逐渐被社区制所替代。20世纪末，涌现出了形形色色的基层管理探索实践，比较有代表性的是上海模式、沈阳模式和江汉模式。上海模式是以街道为核心进行体制改革，倡导"以街道为基础，政府为主导，多方协力共建"的强政府模式，通过权力下放和重心下沉强化了街道在城市基层管理体制中的作用；沈阳模式是将社区单元重新划分，建构了一套新的社区组织体系，提出"由政府指导，社区承担部分政府职能，居民广泛参与社区建设"的自治型模式，实现对

---

① 职业能力建设司：《关于对拟发布新职业信息进行公示的公告》，2020年5月11日，http://www.mohrss.gov.cn/SYrlzyhshbzb/zwgk/gggs/tg/202005/t20200511_368176.html。

社区自治的积极探索；江汉模式是通过转变政府部门职能和"权随责走、费随事转"的制度安排推动了行政和自治的衔接与互动，率先实践"政府各职能部门单位重在社区指导、服务，监督权交给社区代表，引入社会中介组织"的混合型模式，理顺区、街、社区之间的权责关系，强化了社区居委会在治理中的主体地位。2000年《民政部关于在全国推进城市社区建设的意见》出台后，全国各地掀起了社区建设的高潮。尽管该时期各个城市已经认识到了"基层"问题的重要性，但是从思路而言，尚未完全跳脱出"管理"逻辑。"管理"和"治理"虽仅有一字之差，但是其内涵有极大的区别。某种程度而言，社会治理是相对于社会管理的，社会管理是除市场管理和政府管理之外政府对其他社会事务的管理行为，与之相对，社会治理、政府治理和市场治理共同构成现代国家治理体系中的三个最重要的次级体系。随着社会治理理念的提出，社会整体自主性不断增强，集权化、层级式的管理模式逐渐演变为分权化、网络化的治理模式，不断激发社会力量的自我组织、自我管理和自我服务的能力。

2004年，北京市东城区率先实施网格化管理，之后北京朝阳区、西城区，上海长宁区、湖北宜昌市、浙江宁波市等地区迅速推广应用。2005年4月，网格化管理模式取得了科技成果鉴定证书。从2005年起至2008年，开展了三批试点，共在51个城市推广了网格化管理模式。2013年，"网格化管理"的表述第一次正式出现在党中央相关文件中。同年，中共十八届三中全会针对一系列改革问题，特别是基层治理的改革问题，正式作出了"创新社会治理体制"的决定，强调要"以网格化管理、社会化服务为方向，健全基层综合服务管理平台，及时反映和协调人民群众各方面各层次利益诉求"，因而各级地方政府都应组建相应的城市管理网格员队伍，直接服务于城市经济社会发展。自此，以"网格化管理"应对基层社会治理问题的实践在各地展开，网格化管理逐渐成为大众普遍接受的社会治理策略。

纵观基层社会治理的历史变迁，从强化街道办事处职能到合理划分社区范围，再到建立社区居民小组以及实行网格化管理，该系列措施反映了当时国家力求通过自上而下的行政链条，构建稳固的基层政权秩序和严密的行政管理系统。

新世纪以后随着社会的发展，社区在社会治理中的作用越来越凸显，我国的社区管理模式发生了新的重大改变。一方面，社会各界对社区治理成效有着更高的期待；另一方面，城市社区中居民关系疏离与社区大量公共事务亟待处理之间存在矛盾，诸如业主委员会选任、物业选聘、园区建设、房屋公共部位维修等，都需要利益相关群体共同决策，同时，相关矛盾化解、隐患治理工作也急需居民配合。基于此背景，社区网格化管理模式开始出现，社区基层工作实现了由"管理"向"治理"的转变。2019年，党的十九届四中全会明确提出"坚持和完善中国特色社会主义制度、推进国家治理体系和治理能力现代化"，强调在构建基层社会治理新格局过程中，健全党组织领导的自治、法治、德治相结合的城乡基层治理体系，健全社区管理和服务机制，推行网格化管理和服务。2021年，《中共中央 国务院关于加强基层治理体系和治理能力现代化建设的意见》中进一步明确"网格化管理"在基层治理中的重要作用，提出"力争用5年左右时间……构建网格化管理、精细化服务、信息化支撑、开放共享的基层管理服务平台……基层治理体系和治理能力现代化水平明显提高"。"健全社区工作者职业体系，建立岗位薪酬制度并完善动态调整机制，落实社会保险待遇，探索将专职网格员纳入社区工作者管理。"[①]

由此可见，网格员是在我国基层治理体系不断完善、基层治理能力不断提升的背景下应运而生的产物，其出现和成长有着历史的必然性和现实的必要性，将网格员作为一项新职业纳入社区工作中是我国推进基层治理的创新之举。当前，网格员在基层社区网格化治理工作中愈加体

---

① 《中共中央 国务院关于加强基层治理体系和治理能力现代化建设的意见》，2021年4月28日，https://www.gov.cn/gongbao/content/2021/content_5627681.htm。

现出专业性、职业化的特征，发挥着不可或缺的作用，已然成为基层社会治理的主力军。

二、网格员的职业定位

基层强则国家强，基层安则天下安，必须抓好基层治理现代化这项基础性工作。基层治理是国家治理的基石，城乡社区是社会治理最基本的单元，是党和政府联系、服务居民群众的"最后一公里"。社会治理的重心必须向基层下移，落实到城乡社区，有效防范化解社会矛盾和风险，维护城乡社区群众和谐稳定的生活，努力打造和谐有序、绿色文明、创新包容、共建共享的幸福家园。在社会治理中，网格员作为网格化管理的第一线工作人员，手握"最后一公里"冲刺的接力棒，是直接面对群众的基层服务人员，通过事无巨细的实务工作推进社区治理功能的实现。其工作绩效直接决定了人民群众感知公共服务的质量与温度，影响着网格化治理机制的运行效果和可持续发展，更深深影响着社区公共服务水平和社区居民对基层政府的认同感。

2020年6月28日，人力资源社会保障部办公厅联合市场监管总局办公厅、统计局办公室，向社会发布了包含"城市管理网格员"在内的9个新职业信息，同时确定了其定义和主要工作内容。此批新职业是由人力资源和社会保障部向社会公开征集，组织职业分类专家严格按照职业分类原则、标准和程序进行评估论证，并通过网络媒体等向社会公示后确定的。通过国务院部门文件的形式，为从事社区网格化管理的工作人员"正名"，让更多人重新认识并了解这个职业。

2022年7月，为规范网格员从业者的从业行为，引导职业教育培训的方向，为职业技能鉴定提供依据，依据《中华人民共和国劳动法》，适应经济社会发展和科技进步的客观需要，立足培育工匠精神和精益求精的敬业风尚，人力资源和社会保障部组织有关专家，制定了《城市管理网格员国家职业技能标准》(以下简称《标准》)①。《标准》以"职业活动为导向、职业技能为核心"为目标,对城市管理网格员从业人员的职业活动内容进行规范细致描述,对各等级从业者的技能水平和理论知识水平进行了明确规定。《标准》的正式出台,使得网格员职业标准更加规范,整个行业队伍更加正规和专业;职业技能标准被分为初级、中级、高级以及技师四个等级,提高了网格员的工作积极性,从业人员晋升渠道被打通;增加了城市管理网格员学习的渠道,从业人员素质不断提高,也解决了城市管理网格员的人才缺口,助力城市精细化管理。

> **知识链接**
>
> ### 网格员、社区工作者与社会工作者的区别是什么?
>
> 从职业定义上进行区分:网格员是指运用网格化方法,依托网格化技术平台,开展城乡治理和服务的工作人员;社区工作者是指经过一定的选拔或公开招考程序,在各街道(镇)或社区的两委一站(社区党委党组织、居民委员会、社区服务站)工作,主要为社区内的人群提供各类公共服务(协同治理)和公益服务的工作人员;社会工作者属于专业技术人员,指从事社会服务项目开发设计、个案服务、小组服务、社区建设等专门化的社会服务的专业人员。
>
> 从服务对象上进行区分:网格员的服务对象包含网格内的人、地、事、物和组织;社区工作者的服务对象以户籍为主,为行政区划内的居住人群;社会工作者的服务对象为弱势群体,或区域内有需求的人群。
>
> 从工作方法上进行区分:网格员依托信息化手段和事项处置标准

---

① 2022年6月27日,《标准》以《人力资源社会保障部办公厅关于颁布社区事务员(劳动保障专理员)等42个国家职业技能标准的通知》(人社厅发〔2022〕26号)附件形式公布。

办理城乡治理和公共服务的事项；社区工作者注重行政化经验性服务的提供；社会工作者强调社会工作专业服务。

从工作职责上进行区分：网格员的工作职责主要包括基础信息采集、社情民意收集、安全隐患排查、矛盾纠纷排查与化解、各类事项（城市管理、社会管理、公共服务）的协助管理服务、政策法规宣传、协助处理突发事件、重点人员服务管理、社会事务、党委和政府交办的网格内其他事项。社区工作者的工作职责主要包括组织社区服务活动，开展便民利民社区服务；完善老年人、残疾人、优抚对象和弱势群体服务；开展群众性社会互助活动，帮助失业人员就业；协助政府做好居民最低生活保障、企业退休人员和失业人员的管理和服务；协助有关部门维护社会治安和流动人口管理，开展劳动教养人员教育，调解民间纠纷。社会工作者的工作职责主要包括调查、分析社会服务需求，开发、设计社会服务项目；预估服务对象需求，制订服务计划；进行帮困扶弱、情绪疏导、心理抚慰、精神关爱、行为矫治、社会康复、权益维护、危机干预、关系调适、矛盾化解、资源链接、社会能力建设、社会融入等服务；帮助面临困境或有需求的群体建立同伴支持系统；培育社会组织，组织社会活动，参与社会事务协商，化解社会矛盾，促进社会发展；进行专业督导，提升服务团队专业服务能力；进行社会服务成效评估。

三、网格员队伍配置与未来发展

在网格化治理中，人员队伍是基础，也是基层治理活动得以顺利开展的重要支撑。伴随着信息技术元素对城乡基层治理实践的深度嵌入，信息技术对基层社会治理的全面赋能成为现代化治理最显著的表征之一。基层政府数字化改革、基层治理复合型主体构造、智慧社区建设等需求不断增加。为充分提高基层治理水平，推进治理技术现代化，网格员队伍建设发展刻不容缓。

网格员队伍一般由网格指导员、网格长、专职网格员、兼职网格员组成。网格指导员是网格管理服务工作的协调者、指导者、监督者，以村级网格管理工作为例，一般由各村驻村干部担任。网格长是网格管理服务工作的总责任人，一般由村支部书记、村主任担任。专职网格员一般由城市（镇）社区干部和农村"村支两委"干部担任，也可由街道整合的各类协辅人员担任，如社区（村）负责人、社区（村）一般工作人员，以及采取政府向社会购买服务的方式统一招聘，统筹配置到各个网格之中。通常来说，网格化管理按照"1＋N"模式开展，即1名专职网格员配备多名兼职网格员或网格辅助人员，目的是充实网格队伍力量。对于社会治安复杂的网格和涉及消防、安全生产、食品安全等需重点监管的网格地区，按照"一格多员"的要求，需配备多名专职网格员。同时，每个网格还需若干名兼职网格员，也可称为网格辅助人员，根据工作实际需要进行配备，一般由热心社区（村）公益事业的党员骨干、村民代表、小组长、"两代表一委员"、平安志愿者、条线协管员等人员担任，协助网格员开展工作。网格管理员通常有四类，分别是乡镇（街道）管理员、部门管理员、县级管理员和市级管理员。

随着社区治理方式愈加多元，网络化、信息化、技术化、智能化要求不断提升，这对社区（村）基层干部和原有网格员队伍的应对能力提出了更加严峻的挑战。近年来，在原有网格员的基础上，大批大学生和社会组织从业人员等年轻人才加入网格员队伍之中。年轻人才的加入能够充实基层一线人员配备，为社区治理注入新鲜血液，夯实基层社会治理基础。因此，充分发挥年轻人善于开发和应用数据信息的优势，有利于打通信息壁垒，解决技术难题，有效提高信息流通效率，增强解决问题的实效。同时，要继续发挥老网格员的身份优势。顺应社区"半熟人社会"的特性，应充分发挥老网格员传帮带作用，不仅仅依靠熟人圈子来实现交往合作与情感交流，同时需要依靠一定外力推动促成交往，实现新老网格员的有机融合、协同发力，使新老网格员共同致力于社区治理的良性运转。此外，应促进网格员与社区干部的有机融合。对于社区的有效治理，不仅需要缩小社区工作人员与人民群众的实际物理距离，更需要畅通社区工作人员内部以及社区工作人员与居民之间的交往空间，以形成有机融合。需加强网格员与社区干部、村居干部等的链接与合作，推行乡镇（街道）、村居干部融入网格员队伍，还可将流动人口协管员、安全联络员、统计调查员、物业管理员等工作人员作为"兼职网格员"充实到网格员队伍中来，整合下沉网格或联系网格内的警务、安全生产、市场监管、生态环境、城市管理、交通运输等行政管理、行政执法人员及辅助人员，开展"组团式"服务，使网格员深度熟悉社区基本情况，更好地履行工作职责，与党的基层干部、社会工作者、社区事务员等共同推进社区基层治理。

从网格员的身份来看，其属于街道和社区聘用制人员，是介于编制内和编制外的一个中间层。网格员的招录按照选聘为主、多元补充的原则，实行多元整合、一员多用。随着网格员队伍专责化建设不断推进，专兼职网格员队伍不断扩大，网格员队伍的组成来源也越来越广泛多样，有的通过招聘合同工实现，有的通过劳务派遣实现，有的通过公益岗实现。网格员虽然是非编人员，但各地在招录基层事业人员和公务员时，对其有一定的倾斜政策，同等条件可以优先录用，且从事网格员的工作经历，视同基层工作经历，计入工龄年限。这成为网格员考公务员和事业单位的一大优势，为其未来发展奠定了有力基础。

第二节　网格员的角色扮演

党的二十大报告中提出，"加快推进市域社会治理现代化，提高市域社会治理能力""完善网格化管理、精细化服务、信息化支撑的基层治理平台，健全城乡社区治理体系"。当前和今后一个时期，要特别突出强调中央、市域、基层的不同特征、不同作用，完善工作抓手，推动社会治理现代化行稳致远。完善社会治理体系，要明确从中央到省、市、县、乡各级党委和政府职能定位，充分发挥各层级重要作用。市域是将风险隐患解决在基层、化解在萌芽状态的最直接、最有效力的治理层级，处于推进基层治理现代化的前线位置，社区社会治理成效很大程度上取决于市域社会治理能力和水平。提高市域社会治理能力和水平，离不开精细化管理。网格员作为城市精细化管理的"绣娘"，巡查城市管理中存在的问题，打通城市管理"神经末梢"，推动城市精细化管理，已经成为当下社会综合治理环节中不可或缺的力量。

网格员既是基层的"百事通"，也是居民的"大管家"，是支撑社区网格化治理运作的"第一行动者"。网格员想群众之所想、急群众之所急、解群众之所困，努力做到小事不出网格，大事不出社区，将问题解决在基层内。从工作内容上看，基层网格员需满足居民碎片化、多元化、分散化的各类诉求，在日常事务中起到运输、调节、保持、防御等功能，其角色和功能定位内嵌于网格化治理模式的功能设定中，可谓"身兼数职"，需是一个名副其实的"全能型选手"。

在实际工作中，为进一步夯实基层治理根基，发挥网格员在社区治理、服务群众中的核心作用，提升服务群众水平，网格员们需化身"多面手"，充分认识到自身角色定位，发挥人熟地熟优势，共同守护网格责任田。网格员要通过信息系统及相关移动终端，统一采集各类基础信息并更新相关动态信息，及时发现、甄别风险与隐患，做到"基础信息不漏项、社情民意不滞后、问题隐患全掌控"，保证网格化社会服务管理系统有效运行。因此，网格员至少需要扮演六大角色，即信息采集员、百姓办事员、矛盾调解员、安全监督员、社会事务协管员、政策宣传员，以保证"一员多能、一员多用"。

一、信息采集员

信息采集是一项基础性、长期性工作。为了更好地掌握网格内的基本情况，提高为民服务的精准性和实效性，网格员需全面铺开，对网格内的人、地、事等基础信息进行采集、汇总、录入、更新，真正做到底数清、情况明。作为一名信息采集员，网格员要熟悉和掌握所辖网格区域内的人、地、物、事、情、组织等主要信息和基本概况，采集和整理社会管理各项基础信息，并经常地、及时地将网格内的基本信息上报辖区网格管理员，确保数据信息库基本信息真实、准确，扮演好"知网格概况、知村民家情、知社情民意、知求助对象"的信息员角色，以准确翔实的数据信息为支撑，整合基层信息网格资源，为网格化管理提供基础条件支撑。

第一，全面掌握辖区内实有人口的基本情况，对辖区内的户籍人口、流动人口清晰记录。很多基层社区人口多、出租屋多、市场主体多，由此产生的社会管理问题特别复杂。为全面掌握辖区基本情况、提高社会治理工作效率，网格员需严格落实"来有登记、走有注销"原则要求，采取"日巡夜查"方法，详细登记并掌握每户家庭成员的基本情况。

第二，信息员除负责将社区居民的基本信息收集、入档、更新以外，更重要的功能是需充分运用各类型智能工具，对辖区基础信息进行采集登记、收集整理、及时分析、定期核查、及时更新。通过采集房屋信息、人员信息、法人（机构）信息等各类信息，清查社区建筑物、绘制社区图纸，建立起强大、精准、鲜活的基础数据库，这就使得社区各方面的信息都分门别类、井然有序地被储备和更新。

第三，及时有效地采集各类社会治安、安全生产、公共安全、城市治理、矛盾纠纷、问题隐患、市场监督、综合执法、环境保护、消防安全、网络舆情、帮扶救助等信息。同时，熟悉可能发生违法犯罪行为的特殊群体或高危人群，重点掌握出租房屋和暂住人口的动态情况，开展对重点人口、监管对象和有轻微违法人员的监督管理和帮教工作。

第四，网格员在采集信息的过程中，也应注意收集社情民意。网格员应将居民反映的问题进行记录、整理和反馈，向辖区主要负责人提出针对性强、具有可操作性的意见建议，切实推动问题的有效解决。通报反馈各类社情民意，使政府权力下沉到社区，增强政府与居民的互动联结，真正实现居民需求"事事有回音"，政府更加畅通地获取居民生活中的信息反馈，为实现"智慧社区"管理提供翔实的信息基础，为街道经济发展决策、进一步优化社会基层治理提供有力的数据支撑。

二、百姓办事员

党的二十大报告提出："紧紧抓住人民最关心最直接最现实的利益问题，坚持尽力而为、量力而行，深入群众、深入基层，采取更多惠民生、暖民心举措，着力解决好人民群众急难愁盼问题。"民生问题在社区层面高度集中，教育、医疗、养老、就业、最低生活保障、用水用电等各种与人民群众息息相关的民生问题相互叠加、相互交织。高效解决社区居民反映比较集中的民生问题，有利于降低和化解基层治理潜在风险，是加强社区治理的工作重点。作为一名百姓办事员，网格员应积极从群众角度出发，按照"资源统一整合、服务统一标准、事项统一待办"的原则，在社会治理移动终端为居民提供政务代办服务，充分发挥基层触角的作用，规范社区服务供给的内容、标准、流程等，切实增强社区服务群众的能力。

第一，要切实推动社会治理重心下移，出色发挥好人民办事员的角色，切实推动"应办尽办、能办快办"。接到居民求助后，网格员应将各项服务办理的流程、需要准备的材料一次性全部告知居民，及时受理居民所需的低保申请、困难救助、经济适用房申请、民政优抚、残疾人服务等各项工作。对于行动不便的特殊群体还应核实确定信息属实后为其开展代办、代跑服务。

第二，网格员一方面要增强与群众的紧密联系，提高服务群众的能力，另一方面也要配合社区工作进行入户走访，完成组织交办的其他工作任务。在开展问卷调查、各类普查、环境卫生整治等工作中，时常要采取错时上下班的工作方法，利用周六、周日以及晚上下班居民在家的时间段进行入户走访，在实际工作中耐心听取居民群众的心声，了解群众的需求，拉近社群关系。推动人民群众急难愁盼问题就地解决，真正做到民有所呼、我有所应。

三、矛盾调解员

矛盾纠纷无小事,网格化解促和谐。"社会治理的最好办法,就是将矛盾消解于未然,将风险化解于无形。要把好矛盾风险源头关、监测关、管控关,提高预测预警预防能力,努力做到防范在先、发现在早、处置在小。"[①] 基层网格员要坚持和发展新时代"枫桥经验""浦江经验",着眼提升基层社会治理能力,夯实基层基础,健全基层社会治理体系,进一步加强和创新网格化治理,充分发挥法治保障作用,努力从源头上预防和减少矛盾纠纷。

当前,随着经济社会结构加速转型,大量流动人口出现,城乡社区成员构成越来越多样化,社会矛盾也越来越多样化,对基层社会治理和公共服务都提出了更高要求。网格员是新时代化解社会矛盾、服务社区居民的重要群体,需充分发挥联系、服务群众的桥梁纽带作用,坚持把矛盾纠纷调解融入基层社会治理"大调解"格局,将村民的"窝心火"调成"顺心气",最大限度地将矛盾纠纷化解于萌芽状态,消除在基层,形成"小事不出网格,大事不出村庄"的良好局面。

第一,秉持"格中无小事,事事牵我心"的服务态度深入群众之中,通过网格走访、网格巡查等方法,及时地从居民口中了解、收集社情民意,排查、梳理、处理不安定因素等,通过一系列举措及时发现基层隐患问题,协助政府做好辖区内的整顿和治理,倾听群众意见,了解群众疾苦,尽力为群众排忧解难,切实做好服务群众、组织群众、宣传群众的有关工作。

第二,坚持定期开展矛盾纠纷排查工作,采取上门入户、谈心、交流、感情互动等方式,坚持常态化排查,化解网格内不稳定因素,最大限度地把矛盾纠纷化解在基层、化解在萌芽状态,对无法解决的纠纷,及时上报,并做好现场稳控工作,防止事态扩大。坚持对矛盾纠纷排查

[①] 习近平:《习近平著作选读》第二卷,北京:人民出版社,2023年,第242页。

到位、调解到位、稳控到位、责任到位，对家庭矛盾、租赁纠纷、群众投诉、口角之争进行及时劝导教育，强化网格前瞻治理、前端管控、前期处置，切实将各类矛盾纠纷控制在网格、化解在一线，全力营造良好稳定的社会氛围。

第三，积极配合、全力协助街道科室（部门）调处各类矛盾纠纷，积极协助上级有关部门探索社会矛盾纠纷多元预防调处化解综合机制，畅通和规范群众诉求表达、利益协调、权益保障通道，确保网格内突出的不和谐因素得到及时有效的化解，维护基层社会的和谐稳定。

四、安全监督员

安全无小事，隐患零容忍。保护人民群众平安，是网格员义不容辞的责任。面对不断发展变化的新形势、新任务、新要求，网格员应依托"党建引领基层治理平台"，围绕治安、消防安全对辖区房屋各类隐患进行全面排查上报，始终发挥"一线哨兵"作用，认真开展治安环卫巡逻工作，能够做到"第一时间发现问题、第一时间通报问题、第一时间处置问题"，更广泛、切实、高效地完成社会治理问题。

第一，严格落实辖区公共场所、娱乐场所、特种行业、商贸市场、出租房屋、老旧屋村、临时窝棚、零星装修工程和"三小"场所（小档口、小作坊、小娱乐场所）等的治安管理工作，严查管制工具、易燃易爆品等危险品，开展经常性的治安检查活动。网格员每天上班要做的第一件事就是到分管的区域进行治安、卫生巡逻，发现问题及时处理。

第二，督促、指导辖区治安保卫重点单位建立健全安全防范制度，落实安全防范措施，预防、减少各类案件和治安灾害事故发生，切实筑牢安全防线。在工作中，定期开展安全隐患大排查，"拉网式""地毯式"全覆盖安全检查，以确保全面消除辖区安全隐患。在自然灾害等重大安全隐患来临之际，还应加强巡查频次，坚决将潜在危险隐患消灭在萌芽、解决在网格。

第三，深入开展安全宣传教育和防诈骗知识宣传工作，增强居民安全意识，积极发动辖区热心居民群众加入基层治理大军中，将网格工作触角延伸至群众自身，引导居民主动反映辖区环境卫生、治安管理、消防安全、食品安全、黑气黑油等问题。同时，协助办理辖区内各类治安行政案件，必要时为侦破刑事案件提供线索。切实维护辖区安全平稳态势，努力构建和谐稳定的良好网格环境。

五、社会事务协管员

在社区管理中，网格员是协助政府管理社会事务的重要力量。他们负责指导和协调社区内的志愿者、社会组织等力量，参与公益活动、文化教育、环境保护等方面的工作，形成社会管理"大联动"的工作格局，推动社区建设和发展，提升社区居民的生活品质和文化水平。

第一，协助政府管理社会事务，如参与协助计生、文化、食品安全、残联、妇联、就业与社保、环保、信访等部门的基层工作。

第二，协助组织和管理社区服务活动，包括公益活动、文化交流、健康教育等。组织书法、绘画、文学讲座等文化活动，推广健康教育、科学知识等，丰富居民的业余生活，提升社区文化内涵。参与社区建设规划和推进，提出改进建议并协助实施，如组织居民参与社区环境整治、绿化美化、基础设施建设等活动，推动社区的可持续发展。

第三，协助建立各类工作台账，提升社区服务水平，为社区治理提供重要的支持和服务。如采集并管理本辖区内就业岗位信息，分析本辖区人力资源需求情况，并及时将信息传送到市、区公共职业介绍机构或人才交流综合服务中心等，健全本社区就业和社会保障各类工作台账，同时协助做好重点人员教育管控问题。

六、政策宣传员

作为政府与群众间的沟通桥梁，网格员承担着上下沟通、纵横协调、联系内外的重要角色。网格员应及时把中央、省、市各级政府的路线、方针、政策以及重大决策，宣传到所管辖的居民群众之中。广泛宣传国家的法律法规、解释最新出台的政策，引导群众自觉学法、守法、用法，同时加强民政优抚、高龄残疾等惠民政策及社区治安防范知识、消防安全知识、疫情防控相关知识的宣传，推广"国家反诈中心APP"等，定期开展社会主义核心价值观和道德伦理教育。

第一，网格员要利用工作日常，积极向社区群众宣传党和政府的战略、路线、方针，当好做好落实党的路线方针的"小喇叭"。同时对于与群众利益密切相关的社会救助、民政补贴等政策，做好居民群众的宣传、教育和解释工作。在走访过程中及时把政策讲清、讲透，做好思想疏导工作，不但可以提高居民对政策、治安防范意识的理解与重视，还有利于拉近居民与网格员的距离，让群众熟悉并受益于党的惠民政策，架起政府、办事处、社区（村）联系居民的"连心桥"，为其在日后工作中提高居民配合度奠定基础。

第二，网格员应主动下沉基层，不仅通过走访告知、面对面宣讲、派发资料、张贴提示等常规渠道宣传，同时充分利用QQ群、微信群、朋友圈等微媒介，向辖区居民广泛宣传法律法规、民生政策、政务信息、消防安全、治安防范、警示案例、预警提示等内容，助力推动社会基层治理和民生服务，有利于维护网格内的和谐稳定。

第三，网格员应自觉学习相关法律知识，丰富自身内涵，带头执行国家法律法规，积极践行社会主义核心价值观，弘扬法治精神，倡导新风正气。同时加强自我宣传，围绕网格管理主体工作，积极向各级报刊、网络、微信公众号推送业务讯息，有效扩大队伍影响力，扎实群众基础，提升工作效能。

在上述六大角色中，网格员需能够根据工作场景或工作需要，随时切换角色，以相应角色做好相关工作，真正打通服务群众"最后一公里"，激活网格治理新动能，用实际行动维护辖区和谐稳定。

第三节　网格员的基本职责

人力资源和社会保障部办公厅在向社会发布的 9 个新职业信息中，对城市管理网格员这一职业的主要工作内容做了如下描述：操作信息采集设备，巡查、发现网格内市政工程（公用）设施、市容环境、社会管理事务等方面的问题，受理相关群众举报；操作系统平台对发现或群众举报的网格内市政工程（公用）设施、市容环境、社会管理事务等方面的问题进行核实、上报、记录；研究网格内市政工程（公用）设施、市容环境、社会管理事务等方面问题的立案事宜，提出处置方案；负责通知问题相关的责任单位，并协助解决问题；核实上级通报的问题，协助责任单位处置，并反馈处置结果；收集、整理、分析相关信息、数据，提出网格内城市治理优化建议。由此可见，网格员从事的主要是巡查走访、隐患排查、便民代办、矛盾调解、法律政策宣传等一线工作。

一、采集基础信息

网格员要按照真实性、准确性、全面性、时效性的原则，通过多种方式，全面、完整地采集、录入、更新网格内人、财、物等各类重要信息，做到对网格内的信息不留盲点、不留死角，确保信息的全面、准确。同时要及时掌握社会治安、公共安全、城市治理、矛盾纠纷、问题隐患、市场监管、综合执法、环境保护、网络舆情、帮扶救助等特殊的动态信息，将所有信息连成一张网，整合成一个系统。

第一，在网格区域内，全方位开展信息采集工作，第一时间上报各类基础信息，包括人口、房屋、事件等相关信息。着重采集易引发肇事肇祸行为的严重精神障碍患者这类重点人员信息、劳资纠纷等重点事件详情、中小学及幼儿园校车等重点物品情况、出租房屋等重点场所状态，还有石油化工等重点行业的基础信息，并及时录入系统，做到底数准、情况清。

第二，根据各部门的职能、职责，分门别类地采集并录入社会管理各项基础信息，做好信息动态掌握和情况反馈工作，通过相关移动终端提交变更信息，确保数据的完善性和及时性，做到信息新、动向明。

第三，对采集、排查的各种信息问题，由网格管理员汇总、甄别后，通过统一信息系统及相关的移动终端上报上级综合信息指挥室，进行基础信息更新和事件流转处理。积极推广相关移动终端，建立包括案件、业务知识、社区台账等基础业务的信息数据库，发动广大群众采集上报信息，推进建立多元参与基层治理工作新模式。

二、收集社情民意

作为群众与政府间沟通的桥梁，网格员是整个网格化服务管理中的主力军，应及时向上级政府反馈居民的意见和诉求，充分收集社情民意，建立居民需求与政府政策之间的正向联系，架起感情联络之网。

第一，网格员需定时或不定时前往网格开展走访巡查工作。在与村（居）民交流过程中，时刻留意，及时收集关乎社情民意以及可能影响社会政治安定、治安平稳的各类信息。同时，定期对社情动态以及较为突出的治安问题展开排查与剖析。将收集到的各类信息加以梳理分类、深入分析、仔细比对，使相关工作实现信息化管理，以便更高效地推动基层治理工作。

第二，网格员应掌握所辖区域内的社情民意，做好民情记录工作和信访稳定工作，认真排查、梳理、处理各种不安定因素，当好信访稳定工作的接待员。

第三，网格员应主动入户走访，积极承担网格居民和社区（村）管理站间信息交互的职责；及时反馈居民的民生需求，尤其是困难群体、特殊群体的需求；做好信息登记、上报、反馈工作，依法维护居民合法权益，解决居民生活难题，实现"人在格中走，事在格中办"。

三、事件发现与处理

网格员在日常工作中，对于各类风险与隐患事件应做到"早发现、早上报、早预警"。

第一，协助配合相关职能部门，定期走访辖区内各类重点场所，积极排查各类公共安全事项，一旦发现消防、安全生产、交通、卫生、环境、食品药品以及其他各类安全隐患，必须及时通报，及时将相关情况录入综治信息系统。

第二，发现违法违章。一日双巡，对网格内的违法建设、公共设施损坏、垃圾堆放等事、部件进行巡查，一旦发现违建、违排、违停等各类违法行为，要立即报告、予以制止，并协助相关部门精准处置这些违法行为。

第三，协助处理突发事件。协助并配合相关部门处理自然灾难、事故灾难、公共卫生事件和社会安全事件，并能进行初级的应急处理。

四、组织治安巡防

网格员应协助各职能部门深入一线，防微杜渐，排查、整治、清理各类安全隐患，最大限度地预防和减少可防性案件的发生，保障群众生命财产安全和社会和谐稳定。

第一，强化对辖区内出租房屋、危险物品，以及公共场所、娱乐场所、特种行业、商贸市场的治安管控，定期开展治安巡查工作，动态监控、多层次分析辖区内网格化管理状况，开展网格化管理形式风险评估，实现重大事件研判预警。及时受理、处置群众诉求，及时做好治安方面风险防范工作。

第二，依靠基层组织，大力开展安全防范宣传教育活动，增强群众自我防范意识与能力。同时，督促并指导辖区内治安保卫重点单位，建立完善安全防范制度，切实落实各项安全防范措施，以此预防和减少各类案件以及治安灾害事故的发生。积极指导治保会、保安队、义务巡逻队等群防群治力量，开展治安巡逻和邻里守望活动，构建严密的群防群治网络。此外，还要充分挖掘并广泛利用辖区资源，动员群众使用技防、物防设施，提高治安防范水平。

第三，在辖区内，助力处理各类治安行政案件，同时积极为刑事案件的侦破寻觅线索。

五、调解矛盾纠纷

通过定期排查、街面巡查、入户走访等，及时了解各种不稳定、不和谐因素，全面排查网格内各类矛盾纠纷。遇到纠纷主动参与调解，第一时间予以化解和处置，积极协调有关调解组织和职能部门开展调处，及时将相关情况录入系统。发现群体性事件和重大矛盾纠纷苗头隐患时，应及时报告并跟踪反馈。

第一，应充分借助网格化信息系统，及时有效地了解情况、掌握动态、解决问题，做到矛盾纠纷"早知道、早化解、早回复"，使社会管理更加安定有序，真正实现"小事不出格，大事不出村（社区）"。

第二，网格员应积极协助相关部门调解矛盾纠纷，主动开展网格内不稳定因素排查工作，分级、分类做好矛盾化解工作，对苗头性矛盾问题进行简单高效的处理，切实做到"家庭琐事不出户、一般矛盾不出社区（村）、重点矛盾不出街道（乡镇）"。

第三，网格员应将在现场无法解决的矛盾纠纷及时录入系统，发现群体性事件和重大矛盾隐患或突发情况时，应主动及时向上级部门报告，同时跟踪事件及时反馈。

六、服务网格群众

主动与群众保持密切联系，及时收集并反馈群众面临的困难及提出的意见和建议。深入了解网格内低保户、残疾人、低收入群体、重点优抚对象等人员的诉求，积极协助解决群众难题，扎实开展思想疏导、帮困扶贫等工作。

第一，提供综合服务。立足实际情况，联合省、市、县三级政务服务中心，以及乡镇（街道）便民服务中心、城乡社区综合服务中心（站）等政务服务平台，在劳动就业、社会保险、社会救助、社会福利、计划生育等领域，为网格内的居民群众提供优质高效、便捷贴心的综合服务。

第二，便民事务协管与代办。基于群众的需求，提供各类党务、政务、居务、社会事务服务，以及水电安装、居家养老、文体娱乐、快递收发、医疗救助等便民服务，在优抚救济、住房保障、城市管理、环境卫生、文化教育、消费维权等社会民生事务范畴，积极开展法规宣传活动，及时进行信息反馈，并做好公共服务代办等相关工作，落实好"最多跑一次"的代办员职责。

第三，服务管理重点人群。协助做好影响社会稳定的重点人员的信息报送及帮扶稳控工作。需明晰可能涉及违法犯罪行为的高危人群状况，重点关注列管重点人口与监管对象的日常动态。针对重点人口、监管对象以及存在轻微违法行为的人员，切实做好监督管理工作，并给予充分的帮扶教育。协同社区及相关部门，妥善开展肇事肇祸精神病人的救治与管控。协助公安、司法行政部门，有效落实服刑在教人员、刑满释放人员、社区矫正人员的帮教与管控任务。

七、做好政策宣传

迅速传递党的路线、方针、政策以及传达上级指示要义；对党委政府的关键工作安排展开宣传；积极宣传国家相关法律法规与村规民约；宣传普及安全防范知识，组织发动群众开展各类形式多样、生动有效的宣传教育活动；引导群众自觉遵纪守法，倡导文明社会风尚。

第一，宣传习近平新时代中国特色社会主义思想和党的路线、方针、政策和法律法规，加强以"知法、守法、用法"为核心的"法治"文化建设，加强以"用道德去感化教育人"为主要方式的"德治"文化建设。组织政策解读讲座、宣传展览等形式的活动，向居民普及国家政策、法律法规，并解答他们可能存在的疑问。

第二，网格员应充分利用上门走访宣传、社区媒体平台、举办培训班或讲座、制作宣传资料等多种渠道方式，针对不同群体或特定问题，向居民宣传国家政策、法律法规，针对性地解答居民的问题。利用社区公告栏、社区广播、社交媒体等平台，发布政策解读、法律法规知识等内容，增加信息传播的渠道。

第三，做好网格员自我宣传工作，善于发现并及时树立推进网格化管理工作中的先进典型，与居民保持良好的互动，倾听他们的需求和意见，并在工作中积极地展示自己的专业素养和服务态度，让居民对网格员的工作有更深刻的认识和理解。进一步获取广大群众的支持并与居民建立密切联系，提供有效的服务和帮助，逐渐建立良好的信任和口碑。

八、完成上级部门和网格管理机构交办的其他工作任务

根据上级部门和网格管理机构的要求，完成特定的工作任务，比如应急事件处理、居民教育、文明生活引导等。网格员需要按照上级部门和管理机构的安排，认真完成交办的各项工作任务，确保任务完成的质量和效果。同时，及时向上级汇报工作进展和遇到的问题，以便得到支持和帮助。这些工作任务的完成不仅有助于提升社区管理水平，也能增进网格员与上级部门及管理机构的良好合作关系。

第四节 网格员的岗位要求

习近平指出，"江山就是人民，人民就是江山。中国共产党领导人民打江山、守江山，守的是人民的心""对于我们共产党人来说，老百姓是我们的衣食父母。要像爱自己的父母那样爱老百姓，为老百姓谋利益，带老百姓奔好日子"。[①] 网格员岗位的基层性、服务性、枢纽性特征，决定了社区改造、社区治安、公共服务等诸多工作与网格员岗位密

---

① 习近平：《习近平谈治国理政》第一卷，北京：外文出版社，2018年，第432页。

切关联,将人民利益作为根本坐标成为网格员岗位的必然要求。近年来,全国各地网格员通过日均步行2万步的"铁脚板"精神,不断展现服务群众的岗位操守,他们不仅是政府与民众之间的桥梁,更是社区和谐稳定的守护者。

一、为人民服务是网格员工作的出发点和根本落脚点

民心是最大的政治,决定事业兴衰成败。现代网格化社会治理以满足民生需求为根本,网格员的职责要求,归根结底是由百姓的需求决定的。进入新时代,我国社会主要矛盾发生了转化,人民的美好生活需要呈现出多样化、多层次、多方面的特点。新时代以来,人民群众日益关注食品安全、供暖质量、水域清洁、精神文化生活的丰富性、就业机会的增加以及收入水平的提升等诸多问题。同时,对于学习教育、医疗保障、养老保障、住房条件、弱势群体支持等方面寄予了更高的期望。总体来看,民众对民主、法治、公平、正义、安全、环境等方面的要求日益提高,人民对于美好生活的追求呈现出更为丰富和深刻的时代特征。

事实上,当前社会生产力发展对网格员岗位能力提出了系统性升级要求,至少体现在三个方面。一是群众诉求从"温饱型"向"品质型"跃迁,要求网格员需掌握矛盾调解心理学、特殊群体关怀技巧等复合技能;二是社会利益格局分化催生新型纠纷,网格员需从"和事佬"转向"法治引导者",要求系统掌握各类法律法规,灵活运用"线上调解+司法确认"等新机制处理物业纠纷、网络侵权等;三是技术革新重构履职能力体系,要求网格员掌握智能终端实时采集数据、运用大数据分析预判社区风险、协调智能安防设备处置突发事件等。这种转变本质是基层治理现代化在网格员岗位上的投射,推动网格员从"社区管家"向"治理枢纽"转型。

群众利益无小事,一枝一叶总关情。网格员是最贴近百姓、最贴近基层的群体,是社区治理的"神经末梢",重要性不言而喻。致力于增强群众对美好生活的获得感、幸福感、安全感,确保其更加充实、有保

障且可持续，构成了网格员工作职责的核心内容，必须牢牢把握我国社会主要矛盾的新变化，顺应人民对高品质生活的新期待，在高质量发展中努力为人民创造更美好、更幸福的生活。让群众满意是我们党做好一切工作的价值取向和根本标准，同时这也决定了党的工作的最高裁决者和最终评判者只能是人民。人民群众的意见是最好的尺子，最能衡量我们工作的长短优劣。生活过得好不好，人民最有发言权。什么是好事实事，要看群众实际感受，由群众来评判。要关注民情、顺应民意，人民群众赞成什么、期盼什么，就要坚持和推动什么；人民群众反对什么、痛恨什么，就要防范和纠正什么。对群众的呼声，要做到件件有着落、事事有回音，用心用情为群众排忧解难，千方百计增进人民福祉。因此，网格员应充分履行责任格内人、事、地、物、情"五清"的工作职责，当好人民群众"大管家""服务员"角色，有效维护辖区社会和谐稳定。

泰州打造全过程人民民主"微单元"

"眼看着旁边小树变大树，小区围墙这几年开裂、倾斜越发严重，真担心哪天它就塌了……"泰州市高港区明珠街道明珠社区居民王建国，每次饭后出门散步，目光触及小区那面因年久失修而破败不堪的围墙，忧虑便涌上心头。在区代表接待选民日，抱着姑且一试的心态，王建国向高港区人大代表、明珠社区党总支书记秦爱华递上一张建议字条，上面写着："啥时候能把明珠花园小区小杜巷的围墙修修？"

王建国的建议一经提出，便迅速得到重视。2023年8月，在相关部门的积极推动下，明珠花园小区小杜巷所有出现破损的围墙，均完成了修复与翻新工作，彻底消除了安全隐患，也让王建国等居民悬着的心落了地。

人大代表由人民选举产生，必须将根基稳固地深植于人民群众之中。在人大会议闭会期间，如何有效推动各级人大代表切实担当起群众"代言人"的重要角色？自2023年初始，泰州市人大常委会在进行深度调研、广泛征求各界意见的基础之上，正式出台关于深化"你点我督"机制以推动解决民生问题的指导意见。依托"群众提出诉求、代表予以提交、部门负责办理、人大实施监督、社会参与评价"的工作体系，民众的幸福指数稳步提升，满意度也不断提高。

让专业的人干专业的事

记者前往泰州市姜堰区罗塘街道中天社区时，映入眼帘的是党群服务中心二楼大会议室座无虚席的场景。此时，省人大代表、姜堰区励才实验学校副校长杨凤辉，正围绕暑期家庭教育这一主题开展公益讲座。姜堰区人大代表、中天社区党委书记黄晓慧称："不仅本选区居民积极前来聆听，其他选区的居民同样踊跃报名参与。"杨凤辉代表凭借其在教育领域的深厚专业素养，所举办的公益讲座备受居民青睐，充分展现出专业力量在社区服务中的显著成效。

2022年6月，一位居民向中天社区的意见箱里投递了一条建议："快中考了，能组织教育界代表给大家说说怎么缓解考生紧张情绪吗？"社区在发现这条建议后，迅速行动，第一时间筹备并组织了一场关于缓解考生紧张情绪的公开课。当时现场火爆，许多家长到场后发现没有空位，便全程站在教室后方认真聆听。

公开课的良好反响让中天社区党委书记黄晓慧陷入思考：能不能让区里教育界的5名省、区、市人大代表"联合起来"，长期、稳定地开展社区教育相关服务呢？黄晓慧带着这个想法，与各位人大代表沟通商议，没想到大家都毫不犹豫地表示赞同。就这样，"奉杏"工作室顺利成立。

自成立以来，"奉杏"工作室积极作为，已成功举办10余次教育主题讲座，还开办了社区公益暑托班，累计授课时长达到320课时，前前后后让社区1 500多人次从中受益。

姜堰区人大代表、区住建局村镇建设科科长陆智慧是办"城"事工作组的成员之一。他介绍道："工作室成立后，我们收到了上百条来自群众的有效建议，这些建议进而催生了许多切实可行的代表建议。"聚焦道路改造、小区整治、环境卫生等城市建设管理方面的问题，陆智慧与其他11名市、区城市建设管理领域的人大代表，共同组建了办"城"事工作室，致力于解决群众身边的急难愁盼问题。在工作室持之以恒地推动下，北街社区居民头顶那像蛛网一样杂乱的"飞线"终于被清理干净，居民的生活环境得到了显著改善。

"码上即办"促问题马上解决

"动动手指，困扰我们的难题就有代表来帮忙解决，真方便！"泰州市海陵区城中街道居民翟桂对此称赞有加。依托"码上即办"小程序，操作极为便捷，居民仅需扫码，选定对应网格的代表，如实填写问题，便能反映诉求。

翟桂所居住的时代花园小区，其南北主干道部分路段存在严重破损情况，给骑电动车、自行车出行的居民带来较大安全风险。翟桂正是通过"码上即办"小程序，将该问题反馈至海陵区人大代表许红霞处。

许红霞在收到反馈信息后，立即与区住建部门取得联系，协调相关人员前往实地进行勘查。同时，为使整治方案更贴合实际、更具可行性，许红霞还邀请居民代表与物业公司共同参与研讨。在各方积极协作、共同努力下，这一长期困扰居民的道路破损问题得以迅速妥善解决。"码上即办"切实发挥作用，真正实现了让问题即刻得到处理，为群众排忧解难。

城中街道人大工委主任朱昱安介绍，截至2023年9月，城中街道组织40名各级人大代表及代表议政会成员下沉至66个网格。按照工作要求，相关人员每月至少开展两次网格下沉走访活动。在走访过程中，工作人员一旦收集到群众的意见与建议，街道便立即启动受理程序，随后进行深入分析研判，并依据建议内容进行分类分流。承办单位接收受理事项后，人大代表充分发挥监督职能，以严格监督推动各项工作落实，旨在加快办理速度、提升办理质量，切实回应群众关切。

姜堰区韩德公司职工王兰难掩欣喜之情，兴奋地表示："上个月刚刚反映情况，本月施工方案便已确定！"回溯至2023年3月，王兰借助"扫码"反馈渠道，向相关部门反映了企业面临的停车难题。三水街道人大工委在接收该诉求后，即刻将任务转办至辖区城管部门。城管部门迅速响应，随即启动为企业在邻近区域规划建设停车场的工作。人大代表孔纬受工单指派，针对停车难问题展开深入调研。此后，市、区及街道人大机构综合梳理"群众反馈"的各类问题，并结合政府12345平台所汇集的群众投诉信息，将"停车难"明确列为重点督办的突出问题，开展专项督办行动。在各级部门协同推进下，2022年，泰州全市新增机动车停车泊位达1.03万个，显著缓解了停车位紧张的局面，有力回应了群众关切。

众人的事情由众人商量着办

在泰州市海陵区新胜社区，记者参与了一场独具特色的议事会。议事现场，人大代表、社区老党员以及居民代表齐聚一堂，认真倾听一群孩子表达想法。孩子们表达："我们要带拐弯滑梯！""要小猴子形状、有秋千的那个。"海陵区城南街道人大工委主任陈静芝介绍道，此前居民反馈小区内缺乏游乐设施，街道方面便计划在广场增设滑梯。目前，安装场地、资金等事宜均已确定并完成公示。为了让游乐设施更贴合实际使用者的需求，他们特意将滑梯款式的选择权交给孩子们，让孩子们也参与到小区建设中来。

姜堰区天目山街道的陵园西村小区，房龄将近40年，内部状况不佳。道路坑洼不平，天然气供应缺失，公共道路一到夜间便漆黑一片……"居民们对改变小区现状、提升居住环境的意愿极为强烈。"姜堰区人大代表、天目山街道政法和社会管理局副局长陈骥表示。然而，由于居民的利益诉求各不相同，老旧小区改造工作一度遭遇阻碍。在"有事好商量，众人的事情由众人商量"的理念指引下，借助"你点我督"项目建设的契机，在区人大代表的积极推动下，陵园西村小区的人居环境整治工作正式启动。

小区该改造哪些地方？具体要怎么改造？这些棘手难题，在一场场座谈交流、一次次协调沟通中逐一得到解决，陵园西村小区也随之焕然一新。居民沈鸿柏说道："听说在验收阶段，还会召开评议会，届时人大代表、居民代表以及物业公司都要前往各项目竣工现场进行评议。"

2023年9月，泰州市人大常委会副主任沈明刚介绍："近年来，泰州市各级人大及人大代表深入学习领会习近平总书记关于坚持和完善人民代表大会制度的重要思想，始终牢记嘱托，满怀感恩、奋勇前行，聚焦群众急难愁盼问题，积极创新全过程人民民主的基层实践。"通过组织开展"你点我督"活动，泰州市7 200多名各级人大代表深入选区，认真倾听民众心声、仔细洞察民情民意，已累计收集到1 337个民生问题，其中1 171个问题在代表们的努力推动下得以解决。

二、网格员的岗位要求

为精准确立城市管理网格员的从业规范及标准体系，2022年7月，《城市管理网格员国家职业技能标准》正式发布施行。该标准一问世，便对城市管理网格员从业人员的职业活动范畴与内容进行了全面、细致且规范的界定与描述，同时针对初级、中级、高级以及技师四个不同等级从业者所需具备的技能实操水平与理论知识储备，分别作出了明确、严格的规定。此职业技能标准的构建，有着多维度的重要意义。从职业发展角度看，它为城市管理网格员这一职业群体搭建起清晰、有序的职业晋升阶梯，极大地拓展了其学习成长空间与发展路径；从行业人才培养层面而言，为有效解决城市管理网格员领域的人才短缺困境、全方位提升从业人员的专业素养与综合能力夯实了基础。长远来看，该标准的实施将持续推动整个城市管理网格员行业队伍建设朝着规范化、专业化方向稳健迈进，进而为城市精细化管理水平的提升注入强劲动力，助力城市治理体系与治理能力现代化建设。

根据相关规定，该标准把本职业划分为四个等级，分别是五级/初级工、四级/中级工、三级/高级工以及二级/技师，其涵盖职业概况、基本要求、工作要求以及权重表四个方面的具体内容。其中，明确阐述城市管理网格员的职业能力特征是"具有一定的学习能力、表达能力和计算能力，具有空间感、形体知觉，色觉正常，肢体灵活，动作协调"。规定城市管理网格员普通受教育程度为：初中毕业（或相当文化程度）；网格员应培训后上岗，或获得网格员职业等级证书。在培训参考学时方面，该标准明确规定：五级/初级工为120标准学时，四级/中级工为100标准学时，三级/高级工为80标准学时，二级/技师为60标准学时。《城市管理网格员国家职业技能标准》的出台，使网格员这一工种的职业画像更加清晰明朗，对网格员这一群体的岗位要求有了更精准的规定和表述。

第一，网格员应遵守国家法律法规及各项政策。"法度者，正之至也。"党的十八大以来，党中央把全面依法治国纳入"四个全面"战略布局予以有力推进，对全面依法治国作出一系列重大决策部署，组建中央全面依法治国委员会，完善党领导立法、保证执法、支持司法、带头守法制度，基本形成全面依法治国总体格局。中共十八届四中全会明确提出，全面推进依法治国的总目标是建设中国特色社会主义法治体系、建设社会主义法治国家。新时代以来，凭借法治体系建设这个总抓手，坚持党的领导、人民当家作主、依法治国有机统一，坚持依法治国、依法执政、依法行政共同推进，坚持法治国家、法治政府、法治社会一体建设，全面深化法治领域改革，统筹推进法律规范体系、法治实施体系、法治监督体系、法治保障体系和党内法规体系建设，推动中国特色社会主义法治体系建设取得历史性成就。可以说，遵纪守法是一切活动的前提，我们的一切生产生活活动，各行各业的存在与发展，都必须是在法律框架内进行的。基层治理中，虽存在"权力无限小，责任无限大"的尴尬处境，但依然要警惕腐败的侵蚀，杜绝违规干预、捞取好处、请托办事、谋求特权、以权谋私等违法乱纪现象出现。

　　第二，网格员应具备职业道德。在长期的社会发展和生产生活活动中，人的因素越来越重要，人的行为不仅受到法律的约束，还受到道德的支配和所处环境的左右。道德属于社会意识形态范畴，通常情况下是指我们生活及行为的准则和规范。道德通过社会的或一定阶级社会的公共言论对社会生活起约束作用，根本作用是推动人类的繁荣。职业道德，是指职业人员所形成的道德观念、行为准则和规范的总和，是指人们在职业生活中应遵守的基本道德，即一般社会道德在职业生活中的具体体现。它既是本职人员在职活动中的行为标准和要求，同时又是职业对社会所承担的道德责任与义务。任何职业行为的发生都会伴随着一定的道德价值产生，职业行为体现着一定的道德关系。职业道德通过规定职业所承担的社会义务和社会责任来确保社会中各个行业与社会的正常联系，使职业与社会职能都正常发挥各自的作用，保证和协调不同职业间、个人与职业间等的平等互利关系。网格员在从事基层治理工作中，应做到信息上报和处理过程中以事实为先，以实际情况为准绳，不应弄虚作假，做到不欺瞒、不假报，这一职业的特征决定了网格员须具有基本的职业道德。加强对网格员职业道德教育是实现基层治理工作的必然需要，同时也是提升网格员队伍质量的需要。

　　为确保网格化管理的顺利开展，网格员必须有遵守职业道德的意识。具体而言，网格员在工作实践中需要遵守的职业道德主要包括以下几点。首先，热爱本职工作，尊重基层群众。热爱是网格员顺利开展网格化管理的前提，只有热爱本职工作，网格员才能对社区居民有爱心、有耐心，才能以饱满的热情投入网格化管理的实践中去。尊重基层群众是网格员顺利开展基层治理工作的关键，只有尊重群众，网格员才能真正地把群众看成"人"而不是"事"或"物",才能站在老百姓的角度去考虑他们的感受与需要,从而真正满足人们的根本需求。其次,对收集上来的信息及其家庭的资料进行保密,保护居民隐私。网格员应当妥善保管辖区内居民的家庭资料,不经当事人同意,不得将资料泄露给其他人或机构。此外,对于居民的隐私,包括儿童的基本信息、其所在家庭的信息和情况、住房资产情况等,应当严格保密。最后,平等对待每一位居民及其家庭。人员之间存在个体差异,经济条件、社会背景也各不相同。网格员应当以平等的态度对待辖区内每一位居民,在社区治理实践中杜绝歧视与偏见。

第三,网格员应具备基本职业能力,包括职业道德基本知识和其他基础知识。职业道德基本知识包括但不限于网格员应坚持的职业守则,即品行端正,诚实守信;爱岗敬业,忠于职守;团结协作,办事公道;客观公正,实事求是;服务人民,奉献社会。网格员岗位要求中所包含的其他基础理论知识有:(1)通用基础知识。即计算机应用基础知识;智能移动终端应用知识;常用办公软件应用知识;常用公文写作知识等。(2)专业基础知识。即网格划分知识;管理部件和事件分类知识;政府有关部门基本职责;社区管理基础知识;公共服务基础知识等。(3)安全环保知识。即安全生产基础知识;消防安全基础知识;交通安全基础知识;节能环保基础知识。(4)相关法律法规知识。即《中华人民共和国劳动法》相关知识;《中华人民共和国劳动合同法》相关知识;《中华人民共和国安全生产法》相关知识;《中华人民共和国突发事件应对法》相关知识;《中华人民共和国道路交通安全法》相关知识;《中华人民共和国治安管理处罚法》相关知识。

三、网格员的能力要求

网格员作为社区基层治理的"眼睛""抓手"和"触角",必须具有为群众服务的认识和能服务好群众的基本能力,主要包括语言沟通能力、组织协调能力、问题解决能力、政策理解能力、服务意识与责任感、信息收集与分析能力、应急处置能力、学习与适应能力、团队合作意识等。

第一，语言沟通能力。入户调查、信息采集、建立和定期维护信息资料档案、收集社情民意、联络居民群众是一项系统工作，工作内容多、接触人员复杂，这就需要网格员具备一定的语言沟通能力，能够与各类人群有效沟通，包括居民、上级部门、社区组织等，倾听他们的需求并清晰地表达自己的意见和观点。

人际沟通的有效性取决于三个基本要素，即表达清晰度：清晰准确地表达意思，使得信息传递完整、明确。清晰的表达能够帮助群众准确理解意图和观点，避免误解和混淆。倾听和理解：倾听不仅意味着接收居民群众所反映的内容，更包括理解对方的观点、情感和需求。通过有效地倾听和理解，能够更好地回应群众的诉求，建立起相互尊重和信任的关系。反馈和回应：积极回应对方的信息能够展示出倾听者对倾诉者的尊重和重视，同时也能促进对话的持续进行，使沟通更加顺畅。良好的沟通能力能够有效地与居民、上级部门以及其他相关单位建立良性链接，保证与居民联系时能够"进得了门、说得上话"，也可准确及时地向上级部门汇报工作进展和问题反馈。

第二，组织协调能力。网格员作为网格化治理的基本组成单元，在网格化治理过程中，起到"上传下达"的桥梁作用，承担着上达行政部门、社区（村）、办事处、网格管理服务站，下联居民群众的工作任务。因此网格员需要进一步贴近群众，提高处理问题的组织协调能力，利用人熟、地熟、情况熟的优势，发挥基层社会治理"润滑剂"的功能，解决"最后几十米"难题。网格员需具备组织、协调和统筹各项工作的能力，能有效管理资源，安排居民活动和服务项目。做到能够整合社区内外资源，包括志愿者、社区组织、政府支持等，合理调配利用资源，及时处理和解决社区内的问题和矛盾，善于协调各方利益，维护社区和谐稳定，提升社区服务水平。

第三，问题解决能力。网格员作为基层社区管理者，需要具备解决问题的能力，其中关键点包括：问题识别与分析，能够准确识别出社区内的问题，并对问题进行深入分析和理解，找出问题的根源和影响因素；制定解决方案，在识别问题后，能够制定切实可行的解决方案，包括设计具体的行动计划、资源调配和实施步骤等，以解决问题。在网格内，不可避免地会发生婚姻家庭、社区邻里、居务管理、人身伤害、劳资、经济、征地拆迁、医疗、环保等方面的矛盾纠纷，网格员需要具有较强的问题识别和解决能力，能够及时妥善处理居民的投诉、矛盾与纠纷。主动与其对接，对矛盾进行及时化解，根据不同等级类型的矛盾设计相应的解决方法、步骤和要点。解决问题后，能够及时对解决方案的效果进行评估，并及时向上级部门和相关利益相关者反馈，以持续改进和完善解决方案。在突发事件或紧急情况下，能够迅速反应、组织居民进行应急处置。对于能力之外的事件，网格员应及时上报移交。

四、网格员的内在要求

第一，坚定政治立场，发挥政治引领作用。把握政治方向，深刻领悟"两个确立"的决定性意义，坚决维护习近平总书记党中央的核心、全党的核心地位，推动学习习近平新时代中国特色社会主义思想往深里走、往实里走、往心里走。政治立场是一个政党观察、认识、处理政治问题的立足点，反映了这个政党的世界观、方法论和执政理念，体现了这个政党的根本属性。人民立场是中国共产党的根本政治立场，是我们党区别于其他政党的显著标志。坚持这一根本立场，就要坚持以人民为中心的执政理念，将其贯穿于党和国家事业发展的各方面。网格员在基层社会治理工作中，应坚持以人民为中心这一根本立场，在坚持党的领导这个重大原则问题上，要始终把握正确政治方向，坚定政治立场和政治原则，绝不能犯战略性、颠覆性错误。

第二，不断提升个人素质，提升网格员服务能力。网格员应具备良好的思想认识和道德品质，具体包括：应具有较高的思想品质，忠于党和国家、遵纪守法、全心全意为人民服务；应具有诚信原则，以诚待人、乐观热情、勇于克服困难；应具有专业技能，有较强的学习能力，不断学习掌握新知识、新技能，锐意进取。如今互联网技术发展催生了多样化的工作模式，互联网技术已深入现代生活的各个角落，网格员必须由懂电脑、软件、技术应用的人员担任，有足够的时间精力，有较强的信息处理能力且有一定的组织协调能力。

  第三，永葆对基层工作的热情。面对繁重的工作任务，社区网格员的权责适配性较差。社区网格化治理作为弥合政府与社区空间裂缝的兜底机制，容易陷入"权力无限小，责任无限大"的尴尬处境。如今，随着城市网格划分越来越细，管理也越来越精细，对队伍的要求也越来越高。做好网格员的工作，不仅要有良好体能、专业素质，还要有足够的心理承受能力，比如在面对一些市民因为不理解而质疑时，要耐心做好解释工作。坚持用"热心、耐心、细心、诚心"服务群众，守护一方平安，助力基层治理水平大提升。

第二章　网格员需具备哪些素养

在理解网格员需具备哪些素养之前，必须明晰什么是素养？素养，从词源上进行分析，所谓"素"，指的是"本色的""最初的"或者"原有的"；所谓"养"，指的是"培养""教育"或者"熏陶"。基于此，从狭义角度来看，素养往往被理解为道德修养，或是某种能力，如宋代诗人陆游《上殿札子》中的"气不素养，临事惶遽"。从广义的角度理解，素养是一个有机整体，是价值观、能力、态度、情感等要素的统称。网格员所具有的"素养"，更多的是从广义的角度上理解。做一名合格的网格员，必须具有正确的价值观、坚定的理想信念和较全面的法律知识储备。

第一节　网格员应树立的价值观

2021年1月1日起施行的《江苏省城乡网格化服务管理办法》的第十四条指出，担任专职网格员，应当具备下列条件：（一）拥护中国共产党领导，遵守法律、法规，品行端正；（二）年满十八周岁的中华人民共和国公民；（三）具有符合岗位要求的文化程度和工作能力；（四）具备履行职责的身体条件以及其他应当具备的条件。

第十七条指出，网格员不得有下列行为：（一）泄露国家秘密、商业秘密或者个人隐私；（二）利用工作之便为自己或者他人谋取私利；（三）在工作中弄虚作假、推诿塞责；（四）态度蛮横、行为粗暴或者故意刁难服务管理对象；（五）其他违法违纪行为。[①]

其实，上述"应当具备的条件"和"不得有的行为"就是网格员正确价值观的具体化。无论是明文规章制度的正式规矩，还是日常生活中的非正式规矩，网格员至少应具备以下几种基本的价值观。

一、品行端正

无论是省、市的历次政府工作报告，还是省、市关于网格员队伍的管理办法、条例规定，抑或是各地关于网格员队伍的招聘公告，都将"道德品行""品德优良"或"品行端正"作为胜任网格员的必备条件。比如"2023年南通市金沙街道专职网格员招聘公告"的第一条就指出"招聘网格员的基本要求：品德优良"。"2023年无锡市青阳镇公开招聘村（社区）专职网格员公告"也把"品行端正"作为招聘网格员的基本条件。

德正方能行端。对网格员而言，品行端正是履职尽责、干好工作的必备条件，是谋实事、创实业、干实绩的基本前提，是提高网格员威信和优化网格化服务的客观需要，是夯实群众信任感的重要保证。当前，网格员是基层治理中的重要力量，他们品行端正对于社区的和谐稳定具有不可替代的作用。在日常工作中，网格员需要与居民、社区组织、政府机构等多个利益相关方进行良好的沟通和协作，所以品行端正对他们来说是一项基本素养。

首先，品行端正是网格员履行职责的基础。作为社区的基层治理者，网格员需要遵循公正廉洁、遵纪守法的原则，保持自己良好的道德操守，始终以服务居民群众的利益为出发点和落脚点。只有在品行端正

[①] 江苏省人民政府：《江苏省城乡网格化服务管理办法》（省政府令第141号），2020年11月22日，http://www.jiangsu.gov.cn/art/2020/12/1/art_46743_9587788.html。

的基础上，网格员才能真正做到公平公正地处理社区事务，确保社区事务的合法性和公信力。

其次，品行端正是网格员维护社会秩序的有力保障。社区是一个小型社会，各种矛盾和纠纷时有发生。作为网格员，他们必须处理各类问题，如邻里纠纷、治安事件等。只有坚持正义和公正，不偏袒一方，网格员才能赢得居民的信任和尊重，有效化解各类矛盾，维护社区的和谐稳定。

再次，品行端正是网格员推动社区发展的重要条件。基层治理的目标是促进社区的良性发展，提升居民的生活质量。作为基层工作者，网格员需要具备积极向上的精神风貌，以身作则，引领和激发社区居民的正能量。同时，品行端正也为他们带来了广泛的社会关系和网络资源，有利于更好地推动社区的经济发展、文化建设等方面的工作。

最后，品行端正还是铸就网格员职业形象的关键因素。基层治理的工作相对来说比较细致、繁琐，需要长时间的投入和坚持。良好的品行不仅能够增强网格员的职业自豪感和成就感，也能提升他们在社区居民心目中的形象，调动社区居民参与基层治理的积极性。

总之，网格员作为基层治理的从业人员，品行端正对于他们的工作至关重要。品行端正不仅是网格员履行职责的基础，也是维护社会秩序、推动社区发展的重要条件。只有通过不断加强品行教育和引导，提高网格员的品行素质，才能进一步提升基层治理的水平，营造良好的社区环境，让每个居民都能感受到基层治理的效果和温暖。

那么，网格员如何通过自身努力成为品行端正的网格员？

第一，树立正确的职业观念。作为网格员，要时刻清醒地认识到自己是基层治理的重要一员，要有高度的责任感和使命感。要明确自己的职责和使命，牢记自己的服务宗旨，时刻把社区居民的利益放在首位，以人民为中心，坚守自己的岗位，履行好自己的职责。同时，要注重个人修养，提升自己的道德水平和文化素养，做到言行一致，以身作则。

第二，加强学习和提升专业能力。作为网格员，要不断学习专业知识和提升自己的工作能力。要主动了解基层治理的最新理论和实践，积极参加相关培训和学习活动，不断丰富自己的知识储备和业务技能。只有具备扎实的专业知识和过硬的工作能力，才能更好地履行自己的职责，为社区居民提供更优质的服务。

第三，保持良好的工作态度和情绪管理能力。在工作中，网格员可能会面对各种各样的挑战和困难，需要具备良好的工作态度和情绪管理能力。要以积极乐观的心态看待工作中的问题和困难，不畏艰难，勇于担当，找到解决问题的有效方法。同时，要注重与他人的沟通和合作，建立良好的团队合作意识，共同协作解决问题，提高工作效率。

第四，严守职业道德和纪律规定。作为网格员，要严守职业道德和纪律规定，时刻保持廉洁自律。要坚决杜绝以权谋私、徇私枉法等违法违纪行为，做到清正廉洁、公正无私，在权力面前始终保持廉洁自律的品行。要合理利用和管理资源，防止滥用职权和腐败行为的发生。要遵守组织纪律和工作规范，不搞个人主义、官僚主义等不良作风，做到言行一致、严格自律。

第五，加强自我反思和总结。古人云，"吾日三省吾身"。作为网格员，要时刻对自己的网格化治理工作进行反思和总结。要及时总结工作中的不足和问题，并主动寻求改进的方法和途径。要虚心向他人请教，多听取别人的意见和建议，不断完善自己的工作能力和品行素质。要坚持与居民保持良好的沟通和互动，听取居民对自己以及自身工作的意见和建议，提高自己在居民中的形象和声誉。

综上所述，作为网格员，要通过自身的努力，树立正确的职业观念，加强学习和提升专业能力，保持良好的工作态度和情绪管理能力，严守职业道德和纪律规定，加强自我反思和修正。只有不断努力提升自己，才能成为品行端正的网格员，在基层治理中发挥更大的作用，为居民提供更优质的服务。

二、热爱祖国

爱国主义是指个人对自己的祖国具有深厚的情感、强烈的认同感和无私的价值观念。它涵盖了对祖国的热爱、忠诚和责任，并要求以实际行动为基础，积极参与祖国建设和发展的活动。爱国主义的核心是对祖国的热爱，这种热爱表现为个体对祖国的情感投入、民族认同和文化认同。爱国者对祖国的热爱来源于对祖国独特的历史、文化和民族传统的认同，以及对自己所处环境的喜爱和承认。爱国主义要求个体通过实际行动为祖国建设和发展作出贡献。这种贡献可以是积极参与社会事务、关注国家发展、维护国家利益和社会稳定等各个方面的实际行动。

对于网格员而言，爱国主义不仅是一种精神追求，更是一种价值观和行为准则。2021年1月1日起施行的《江苏省城乡网格化服务管理办法》中的关于不得"泄露国家秘密、商业秘密或者个人隐私"、"协助开展反渗透、反间谍、反分裂、反恐怖、反邪教等安全防范工作"、"年满十八周岁的中华人民共和国公民"[1] 等规定其实就是网格员理应具备的爱国主义价值观的要求。网格员必须树立爱国主义价值观，这不仅仅对于自身，而且对于基层治理，都具有至关重要的作用。

第一，树立爱国主义价值观能够激发网格员的责任感和使命感。作为基层治理工作者，网格员肩负着维护社会稳定、服务民生的重要使命。只有具备强烈的爱国主义价值观，才能深切体悟到自身工作的重要性和意义，进一步提高自己的工作热情和积极性，做到以人民为中心，以国家和社会的利益为导向，真正将个人的奋斗融入国家和社会的发展大局中去。

第二，树立爱国主义价值观有助于培养网格员的专业素养和道德观念。爱国主义价值观要求网格员具备高尚的品格和良好的道德修养。在

---

[1] 江苏省人民政府：《江苏省城乡网格化服务管理办法》（省政府令第141号），2020年11月22日，http://www.jiangsu.gov.cn/art/2020/12/1/art_46143_9587788.html。

基层治理工作中，网格员需要处理各种复杂的问题，需要有正确的价值观和道德标准来引导自己的行为。爱国主义价值观使得网格员能够树立正确的权利观念和义务观念，坚守职业操守，保持清正廉洁的品行，做到公正无私、真心实意地为人民服务。

第三，树立爱国主义价值观有助于增强网格员的工作凝聚力和团队精神。基层治理工作需要团队的协同合作，需要网格员之间的互帮互助和共同奋斗。只有具备强烈的爱国主义价值观，才能营造团结协作的工作氛围，提高团队的凝聚力和战斗力。爱国主义价值观使得网格员不仅关注自身的发展，更关注集体的利益，愿意与他人共同进退，共同面对挑战和困难。

第四，树立爱国主义价值观有助于提升网格员的服务意识和能力。基层治理工作的核心是为人民群众提供优质的服务。爱国主义价值观要求我们将国家和人民的利益放在首位，关心民生、服务民生。只有具备强烈的爱国主义价值观，才能真正将服务理念和服务意识融入工作中去，时刻关注居民的需求和问题，积极主动地为他们提供帮助和支持。同时，爱国主义价值观还能够激发网格员的创新精神和实干精神，推动基层治理工作的创新和发展。

可以说，树立爱国主义价值观对于网格员来说是至关重要的。它能够激发网格员的责任感和使命感，培养他们的专业素养和道德观念，增强工作凝聚力和团队精神，提升服务意识和能力。因此，在基层治理中，我们应当大力弘扬爱国主义精神，引导网格员树立正确的价值观和行为准则，为实现社会和谐稳定、人民安居乐业作出更大的贡献。那么，网格员如何树立爱国主义情怀？

首先，网格员可以通过教育自己来树立爱国主义价值观。教育是培养正确价值观的重要途径，网格员可通过多种方式不断学习和了解爱国主义知识，增强自己的爱国意识和认同感。比如，网格员可以深入学习国家历史和文化，了解国家的发展和变革，深刻领会国家的辉煌成就和艰苦奋斗的历程，从而培养对祖国的深厚感情。网格员还可以学习先进的爱国主义典型人物和事迹，如雷锋、焦裕禄等，感受他们无私奉献、艰苦奋斗的精神，从中汲取奋斗的力量和勇气。此外，网格员还可以通过参加各类爱国主义教育活动、听取专题讲座等方式，加深对爱国主义的理解和认识，不断提高自己的思想境界和精神追求。

其次，网格员可以通过实践行动来践行爱国主义价值观。实践是检验真理的唯一标准，只有将爱国主义的理念转化为具体的行动，才能真正体现出价值观的力量和意义。网格员要主动争做先进。在工作中，积极履行职责，勤勉奉献，为居民提供优质的服务，做到以人民为中心，真心实意地为居民着想、解决问题。同时，网格员还应积极参与社区建设，组织志愿者活动，倡导文明礼仪、环保节能等良好的社会风尚，为社区的发展和进步作出贡献。网格员要践行社会责任。社会责任是表现爱国主义的重要方式，网格员应当关注社会公益事业，积极参与社会公益活动，如关爱留守儿童、帮扶贫困家庭等，通过自己的实际行动，助力社会发展和改善民生。此外，网格员还应自觉遵守法律法规，维护社会秩序和公共利益，传递正能量，抵制不良现象，为社会的和谐稳定作出应有的贡献。

最后，网格员通过影响他人来树立爱国主义价值观。作为基层治理的重要一员，网格员具有一定的社会影响力和号召力，可以通过自身的言行举止影响身边的人，传递爱国主义的正能量。网格员要注重自身形象塑造，树立良好的榜样，让身边的人感受到爱国主义精神的力量和魅力。网格员可以通过组织宣传、发起讲座等方式，向居民宣传爱国主义的理念和价值观，引导居民树立正确的价值观，激发他们爱国爱家、奋发向上的精神动力。此外，还可以利用互联网等新媒体平台开展爱国主义宣传工作，提高信息的传递效率和广度，将爱国主义情怀融入更多人的心中。其实，只有网格员以身作则，从自身做起，才能在基层治理中发挥更大的作用，为社会的和谐稳定、人民的幸福生活作出积极贡献。

三、为民奉献

随着社会发展和城市化进程的加速，城市治理面临着越来越复杂的挑战。网格化社区管理作为一种新型的基层治理模式，已经在中国得到广泛推广和应用。作为网格化社区管理中的重要参与者，网格员扮演着至关重要的角色。在网格化治理中，为民奉献是网格员理应树立的价值观念，这就要求网格员应该将人民的需求和利益置于至高无上的位置，并以人民的利益为出发点和归宿。

为民奉献的网格员，在基层治理中能够发挥突出作用。其一，树立为民奉献价值观的网格员具备化解矛盾和纠纷的能力，能够通过有效沟通、协调和调解，帮助居民解决矛盾和纠纷，维护社会和谐稳定。通过积极参与基层社会治理工作，网格员能够培养居民的自治意识和共建共治共享的社会治理共同体理念，推动基层自治水平的提升。其二，树立为民奉献价值观的网格员通过为居民提供有效的服务，不仅能够增强社区居民的幸福感，还能够建立起和谐稳定的社会环境。这种社会环境有利于社区的发展和进步，对整个社会都具有积极的影响。其三，树立为民奉献价值观的网格员注重与居民建立起信任关系，通过真心实意地为居民提供服务，让居民感受到政府的关怀和支持。这样的做法能够增加居民对网格员的信任，促进基层治理的顺利开展。而且网格员作为"官方"的代表，在社区管理中具有重要的象征意义。网格员始终以人民为中心，为人民群众服务，能够提升政府的形象和声誉，增强政府的公信力和社会认可度。

新时代的网格员应从以下三个方面着手，树立为民奉献的价值观。第一，网格员要积极主动了解居民需求。比如，通过参加居民座谈会、组织问卷调查等方式，网格员能够更加全面地了解居民的实际需求，从而有针对性地提供服务。网格员应建立起与居民的稳定沟通渠道，例如设立投诉建议箱、设置社区微信群等，方便居民随时反映问题和意见。通过与居民的密切联系，网格员可以更好地掌握居民所需要的帮助与支持。第二，网格员要积极参与社区事务。网格员应积极关注社区内的各类事务，并主动了解社区民生、治安、环境等问题。通过参加社区会议、关注社区公告等方式，网格员能够及时了解社区变化，为居民提供有针对性的服务。第三，网格员要积极主动化解居民矛盾。网格员在处理社区矛盾和纠纷时，应本着公正、公平、公开的原则进行调解。通过耐心倾听、理性引导等方式，帮助居民化解矛盾，促进社区的和谐稳定。在面对复杂的社区问题时，网格员应综合运用各种资源和手段，制定有效的解决方案。

四、团结合作

团结合作既是一种能力要求，也是一种价值观念。在基层社会治理中，网格员要学会团结合作，这是推动社会稳定发展的重要保障，也有助于整合资源，提升工作效率，取得更好的基层治理绩效。首先，团结合作有助于发挥合力作用，获得多元支持。作为基层治理的前沿哨兵，网格员在工作中面临着各种各样的问题，如社区矛盾纠纷、安全隐患等。这些问题需要多方协作合力来解决，而团结合作可以带来更多的资源和智慧支持。其次，团结合作有利于整合资源，提升工作效能。每个网格员都有自己的专长和特长领域，通过团结合作，可以将各自的优势进行整合，形成协同合作的效能。不同的经验和技能相互交流、借鉴，共同完善工作，提高整体工作效果。通过团结合作，网格员可以建立信息交流机制，及时分享工作经验和信息资源，从而提高问题处理的效率和准确性。最后，基层治理工作繁重，网格员常常面临较大的工作压力。通过团结合作，可以分担工作负担，共同承担责任，减轻个人压力，增强工作积极性和执行力。

那么，网格员如何树立和增强团结合作意识？

一方面，网格员要善于与他人合作。在与他人交流和合作过程中，网格员应注重倾听和尊重他人意见、建议，理解他人的需求和期望。通过积极倾听和理解，建立良好的互动和合作关系。在日常工作中，要培养良好的人际关系，保持耐心和宽容，避免个人利益和偏见干扰合作关系。其中，网格员应学会跨组织和跨部门合作。网格员应主动寻找与其他组织和部门的合作机会，建立良好的合作关系，积极参与社区相关活动，扩大自身的社会网络。

另一方面，网格员要善于与团队合作。在团队合作中，清晰明确的分工和合理安排的任务对于团队的顺利运作至关重要。网格员应与团队成员积极协商，制订详细的工作计划和任务分配，保证每个成员都能充分发挥自己的能力和专长。在团队合作过程中难免会遇到冲突和分歧，网格员应具备良好的协调解决冲突的能力。通过理性沟通和妥善处理，化解矛盾，维护良好的人际关系。

典型案例

江苏"最美网格员"
——许玲玲：无私奉献暖人心　勇于担当筑情怀

许玲玲，靖江市滨江新区办事处文兴社区党支部副书记、文兴社区第一网格网格员。她坚持党建引领，全力打造"红色物业""红色网格""金牌管家"；她践行群众路线，抓牢抓实网格服务、安全治理等民生工作；她创新基层治理，探索推行"微治理"，定期共商"微难题"，切实提升了居民的"微幸福"。

始终涵养"不做虚功、务求实效"的情怀。她所在的网格为绿城玉兰花园小区，网格内有住户458户、商铺25户，2017年交付使用。从新业主入住到装修，再到基层治理网络的构建，她不仅忙活了小区的"烟火气"，也逐渐成为小区业主信得过、讲得来的"小许书记"。

她扎实推进网格化党建，探索健全了"社区党支部—网格党小组—楼栋楼道长—党员中心户"网格化党建组织架构，建立了以社区、红色物业、志愿者等基层力量为主的"行动党支部"，实现党员先锋阵地建在网格上，先锋模范作用发挥到楼道里，最大化为居民提供多元化、扁平化服务。

她全力推行"红色物业",以争创省级党建引领物业提升为契机,加强社区物业党建联建,健全社区党组织领导下的"物业管理委员会"协商机制,实现"大家的事情大家商量着办"。

她悉心打造"幸福绿城里"小区品牌,探索推行"院落自治"等"微治理",及时解决"微难题",提升居民身边的"微幸福",让打造一个幸福、和谐、宜居的社区成为她作为一名基层网格员的初心使命。

始终展现"抓铁有痕、踏石留印"的韧性。小区不分大事小事,都需要用身体力行去丈量。文明城市创建期间,她带领小区物业走遍了网格内的所有楼栋、地下室、楼梯间等场所,"这个楼道不整洁、这个电梯还有乱涂乱画等等",在小区物业和居民眼里,她成了"眼里容不得沙子"的许书记。

消防隐患治理期间,她自查网格每个安全通道、消防设施等是否整改,查看是否有私拉乱接、违规充电等安全隐患,她常常说:"火灾胜在防范,我做得细了,就觉得更安全了。"

人口普查期间,她每天晚上进行入户调查、登记、核查信息,做到信息采集全、信息采集准、及时录入、资料整理、户主姓名底册准确。日积月累,她对人户分离、空关房、群租房和党员、老年人、特殊群体等网格信息一清二楚。

许玲玲作为一名普通的基层网格员,始终怀揣着为社会解难、为居民服务的情怀,优先把"跳一跳就能够得到"的群众诉求解决好,在这个平凡的岗位上,以一张小小的网格,编织出一幅幅暖心画卷,用缕缕初心之线,编织着社区居民的幸福之网,努力为群众打造更有安全感、更有幸福感的高品质网格。

第二节　网格员应具备的政治素养

政治素养,就是指一个人对政治理论、政治制度和政治实践有较为全面深入的了解和认识,具备相应的思维能力和行为素质,能够正确理解和分析政治问题,关心国家和民族的发展,积极参与公共事务,维护自己的合法权益,并具备健康的政治信仰和道德品质。一般而言,政治素养可以分为政治理论素养、政治意识素养、政治道德素养、政治参与素养、政治责任素养等。对于网格员而言,政治性是网格员的一个重要特点,也是网格员必须具备的基本素养。新时代的网格员必须旗帜鲜明讲政治,锻造对党忠诚的政治品格,站稳人民至上的政治立场,增强知重负重的政治担当意识。

一、对党忠诚的政治品格

习近平总书记指出:"崇尚对党忠诚的大德,广大党员、干部永远不能忘记入党时所作的对党忠诚、永不叛党的誓言,做到始终忠于党、忠于党的事业,做到铁心跟党走、九死而不悔。"[1] 广大党员干部要"带头贯彻执行党中央决策部署,在不折不扣执行上下功夫,……对'国之大者'领悟到位,确保执行不偏向、不变通、不走样。"[2] 2021年1月1日起施行的《江苏省城乡网格化服务管理办法》中的关于"网格化服务管理应当坚持党委领导、政府负责……的原则""拥护中国共产党领导"[3] 的规定,其实就指明了作为中国式现代化建设的参与者和推动者,网格员应始终具有对党忠诚的政治品格。具体来说,包括以下几个方面。

---

[1] 习近平:《习近平谈治国理政》第四卷,北京:外文出版社,2022年,第520页。
[2] 习近平:《习近平谈治国理政》第四卷,北京:外文出版社,2022年,第547—548页。
[3] 江苏省人民政府:《江苏省城乡网格化服务管理办法》(省政府令第141号),2020年11月22日,http://www.jiangsu.gov.cn/art/2020/12/1/art_46143_9587788.html。

第一，忠诚于党的理想信念。网格员应具备对党忠诚的政治品格，关键是要忠诚于党的理想信念。"理想信念坚定才能对党忠诚，对党忠诚是对理想信念坚定的最好诠释。"① 网格员的忠诚品质不是与生俱来的，而是在理想信念的淬炼下、在工作实践中锻造出来的理性自觉。网格员忠诚于党的理想信念不是空中楼阁而是形象具体的，不是模糊不清的而是"绝对"和"纯粹"的，必须体现在为党和人民勇挑重担、敢闯险滩的实践行动中，体现在网格化治理工作的各个层面。网格员必须牢记，党性与人民性是统一的，要以坚定的理想信念砥砺对党的赤诚忠心，以造福人民的实际行动对照对党忠诚的理想信念，与人民想在一起、干在一起，不断追求"我将无我、不负人民"的理想境界。

第二，忠诚于党组织。基层治理千头万绪，党组织是基层治理的领导核心。办好中国的事情，关键在党，而党的力量来自组织。当前，很多网格员都是党员。哪怕不是党员，很多网格员也用党员标准严格要求自己。首先，网格员要忠诚于党组织，任何时候都与党同心同德。其次，网格员要多向党组织请示，不能擅作主张、我行我素。重大事项、重大问题该请示的必须请示，该汇报的必须汇报，不能超越权限办事，不能先斩后奏。再次，网格员要坚决服从党组织决定，服从组织分工安排，不得跟组织"讨价还价"，不得违背组织决定，尽全力完成组织交给的任务。最后，网格员必须坚持党中央权威和集中统一领导，始终做到"两个维护"，严格遵守党规党纪，在政治原则和大是大非面前坚决地同党中央站在一起，决不能在是非问题上和党组织唱反调，永葆对党忠诚的政治品格。

第三，忠诚于党的理论和路线方针政策。网格员坚持和宣传党的基本理论、基本路线、方针政策，在工作实践中坚定不移地贯彻、执行和向人民群众积极宣传党的理论和路线方针政策，这是对党忠诚的真实写照。首先，网格员要坚持不懈地强化理论武装。新时代的网格员必须认

---

① 习近平：《习近平谈治国理政》第四卷，北京：外文出版社，2022年，第524页。

真学习习近平新时代中国特色社会主义思想，深刻学习领会党的创新理论和路线方针政策，学深悟透、融会贯通，增强贯彻落实的自觉性和坚定性，提高运用党的创新理论指导自身网格化治理工作实践的能力。其次，网格员要坚持学用结合、学以致用。网格员要把党的创新理论学习同在自身网格化治理工作实践中解决人民群众最关心最直接最现实的利益问题结合起来，切实把学习成效转化为解决问题的实际能力。最后，网格员要始终做党的理论和路线方针政策的忠诚实践者，切实把党的政治理想、政治路线、政治纲领、政治主张内化为自己的自觉行动。

得众则得国，失众则失国。中国共产党自1921年成立以来，始终把为中国人民谋幸福、为中华民族谋复兴作为自己的初心使命。人民立场是中国共产党的根本政治立场，是马克思主义政党区别于其他政党的显著标志。网格员要树立人民至上的政治立场，这是新时代社会治理现代化的基本要求。

二、人民至上的政治立场

第一，网格员树立人民至上的政治立场，有助于推进社会主义民主政治。社会主义民主政治的核心是人民当家作主，充分发挥人民群众的积极性、主动性和创造性，保障人民享有广泛而直接的民主权利。作为网格员，他们是社区居民与政府之间的桥梁和纽带，必须秉持人民至上的政治立场，积极履行职责，听取并反映居民的意见和诉求，推动民主决策的建立和落实，促进社会和谐稳定。

第二，网格员树立人民至上的政治立场，有助于巩固党的执政地位。党的执政地位来自人民的支持和信任，只有通过不断满足人民群众的需要和愿望，才能够赢得人民的拥护。网格员树立人民至上的政治立场，就是要把人民赞成不赞成、高兴不高兴、答应不答应作为衡量自身网格化治理工作得失的根本标准和基本尺度，要实现好、维护好、发展好最广大人民根本利益，不断增强群众获得感、幸福感、安全感。

第三，网格员树立人民至上的政治立场，有助于提升基层治理效能。当前，基层是党开展群众工作的重要阵地，而网格员作为基层一线工作人员，他们的政治立场直接关系到基层治理的质量和效能。网格员要树立人民至上的政治立场，必须清醒地认识到，自己是人民的"服务员"，要设身处地为群众着想。网格员树立"以造福人民为最大政绩"的政绩观，把全心全意为人民服务作为最大的人生追求。

三、知重负重的政治担当

新时代的网格员肩上责任重大，担当义不容辞，有多大担当才能干多大事业，在推动发展、改善民生、维护稳定等方面承担着重要职责。网格员只有勇于担当、敢于斗争，才能适应形势变化、有力应对风险挑战，适应各个岗位、各个方面的要求。

当前虽然大多数网格员能够做到日常工作敢负责、关键时刻敢担当，但少数网格员不同程度地存在不担当、不作为的问题，突出表现在五个方面。一是畏首畏尾怕担当。现实工作中，少数网格员"怕"字当头。有的怕出事，一旦有事，轻则手足无措，重则六神无主，缺少的就是主动克服困难、解决问题的担当。有的怕风险，喜欢在"保险箱"中观望，满足于处理约定俗成的事务，对于未知或是有风险的事情，不敢去探索，怕出现差错要担责。二是推三阻四慢担当。有的网格员打着上面没有规定的旗号慢担当。按章办事、依规而循是规矩，本无可非议，但是有的人将此作为不担当的理由，不管什么事，都以条令条例没有规定为由推脱。三是盲目蛮干乱担当。有的网格员"冲"字当头什么都敢干，崇拜野蛮式基层治理方式，有时不分青红皂白乱作为。四是应付差事虚担当。有的网格员对上级领导一套、对群众一套、自己又有一套。面对上级领导，言之凿凿，"保证高标准高质量完成任务"；面对群众，"交给我，你们放心吧"；回到自己网格，全部轻轻放下。五是拈轻怕重挑担当。对于基层治理任务，有的网格员专挑简单的部分去做，对于难点却是抛之脑后。

那么，网格员如何强化知重负重的政治担当？对此，习近平总书记

49

多次强调，"不仅要有担当的宽肩膀，还得有成事的真本领""既要政治过硬，也要本领高强""既要德配其位，也要才配其位"。① 也就是说，网格员既要有政治担当之心，又要有政治担当之能。

一是网格员要具有政治担当之心。网格员要有政治担当之心，就是要有想担当、愿担当的主观政治意愿。网格员要自身发力，保持"一日无为、三日难安""去民之患，如除腹心之疾"的进取心态，为理想担当注入不竭的精神动力。网格员要敢于担当负责，在基层治理难题面前敢于开拓，在化解群众矛盾面前冲在前方，在关键时刻勇于负责，能够知重负重，积极主动担苦、担难、担重、担险，做到平常时候看得出来、关键时刻站得出来、危难关头豁得出来，把担当负责的风骨胆魄体现在网格化治理工作履职尽责的实际行动中。

二是网格员要提升政治担当之能。担当需要责任，更需要能力。软肩膀挑不起硬担子，只有本领过硬，多几把刷子，才能有想担当的底气和自信。如果只有想法没有办法，那也只是空想。网格员依靠学习克服本领恐慌，持之以恒地勤学苦练，不断提高政治能力、调查研究能力、科学决策能力、改革攻坚能力、应急处突能力、群众工作能力、抓落实能力，努力成为各自领域的行家里手，练就能担当的硬脊梁、铁肩膀、真本事。其中，网格员要继承和发扬求真务实、真抓实干的优良作风，增强执行力、行动力，拿出真抓的实劲、敢抓的狠劲、善抓的巧劲、常抓的韧劲，扑下身子深入基层、深入一线、深入群众，干实事、谋实招、求实效，加强调查研究，狠抓工作落实，当好执行者、行动派、实干家。网格员对基层实际情况要深入调研、进村入户，才能掌握实际情况，对人民群众所思所想知根知底；对实际问题要全面认识、研究透彻，才能更好地履职尽责。

---

① 习近平：切实学懂弄通做实党的十九大精神　努力在新时代开启新征程续写新篇章，人民日报，2017-10-29（01）。

四、卓越优异的政治能力

网格员还需要具备卓越优异的政治能力，主要包括政治判断力、政治领悟力和政治执行力。其中，网格员需要具备较强的政治判断力，能够正确评估和判断社区内各种事件和问题的政治敏锐性及其对社会稳定和社区和谐的影响。只有准确判断了政治风险，才能更好地规划和采取相应的社会治理措施，避免或应对潜在的社会矛盾和冲突。网格员要具备较高的政治领悟力，正确把握社会治理工作的大政方针，增强政治责任感和使命感，确保社会治理工作与党和政府的中心工作保持高度一致。网格员要具备卓越优异的政治执行力，能够将党和政府的方针政策落实到社会治理工作中去。

那么，网格员如何练就卓越优异的政治能力？

第一，以"明辨"之"眼"，提高政治判断力。在基层治理中，网格员需要根据党的方针政策，分析问题、研究决策，并能够做出符合党和人民利益的正确决策。同时，网格员还应具备敏锐的洞察力和判断力，能够及时发现并解决社区管理中的各类突发问题。他们应具备危机处理和应对突发事件的能力，保障社区居民的安全和稳定。

第二，以"慎思"之"心"，提高政治领悟力。拥有较高的政治领悟力是检验网格员政治理论学习成果的重要标准。提高政治领悟力，要常备"慎思"之"心"，做到全面细致的思考。随着"实现国家治理体系和治理能力现代化"目标的推进，提升基层治理水平被摆在越来越突出的位置，网格员面临着更多工作量、更高工作要求的现实，但提升政治领悟力的要求不能有丝毫懈怠，这就要求其在勤奋做事的同时，必须善于思考。通过深入思考，做到内化于心，也只有通过勤于思考、深入思考提高政治领悟力，才能做到思想不搁浅、行动不偏航。

第三，以"笃行"之"志"，提高政治执行力。天下之事，虑之贵详，行之贵力。没有执行，一切都是空谈。网格员必须积极投身于政治实践，将自身所培养的政治判断力、政治领悟力运用到具体的工作中去。"知之愈明,则行之愈笃;行之愈笃,则知之益明。"只有怀"笃行"之"志",提高政治执行力,做到政治理论与政治实践的紧密结合,才能真正做到树牢政治意识、提高政治站位、增强政治本领、严守政治规矩。

典型案例

严峻:忠诚担当筑网格员本色　开拓进取守一方平安

"严大个,他可是我们陈桥社会治安的守护神",1米83的身高,名副其实,老百姓提起他,无一不竖起大拇指,他就是南通市崇川区陈桥街道政法和社会管理办公室三级主任科员,曾任陈桥街道社会治理办公室主任、综治办主任、陈桥街道网格长——严峻。三十多年来,他立足本职工作,任劳任怨,先后荣获江苏省首届"优秀青年卫士"、南通市首届"人民满意公务员"、国家安全先进个人、崇川区十大平安卫士、区优秀驻村第一书记等称号,荣立"三等功"2次,受到区政府嘉奖9次。

他是迎难而上、开拓进取的创新者。多年来,陈桥街道在抢抓新机遇的同时,也面临整体拆迁、外来人口持续增长导致社会治理难度加大的新挑战。在他的努力之下,街道建成总面积为1250平方米的全省一流的综治法治中心,相继出台三年社会治安防控体系建设规划、网格化管理与服务实施办法,形成了矛盾联调、治安联防、工作联动、问题联治、平安联创、治理联抓的"六联"工作机制。辖区划分29个网格,每个网格都设有一名网格长和兼职网格员,分片区精准管理;同时全面启动平安志愿者联盟陈桥分会和基层工作站,结合"平安江苏"客户端推广工作,组建了一支1400余人的平安志愿者队伍;在居民集中区建立联勤联防工作站,以深化"平安铁路"创建活动为总抓手,与南通铁路派出所、陈桥派出所共管共建,建成了南通地区首个高铁护路联防工作站，工作站的"八到位"做法获得省、市领导充分肯定。

他是忠于职责、脚踏实地的守护者。在扫黑除恶专项斗争工作中，他依托党员服务室、讲习领航站等阵地，开展形式多样的理论宣讲逾70次，引导党员发挥先锋模范作用；协调网格长和志愿者队伍，张贴扫黑除恶宣传横幅200多条，展示宣传橱窗150多处，挨家挨户上门发放扫黑除恶专项行动告群众信13 000余份，在宣传发动、线索摸排等关键环节发挥了重要作用。多少日夜辛劳，终有回报，陈桥街道圆满完成扫黑除恶三年专项斗争工作，实行常态化管理。2022年，为期三年的防范打击电信网络诈骗工作正式开始，"守住老百姓的钱袋子，保护陈桥千家万户的幸福平安"成为严峻同志追求的目标。他积极参与各项工作，开设讲座、提醒沿街商铺播放滚动字幕、排练反诈小品等，到处都能看到严峻同志忙碌的身影。

他是情系百姓、真诚为民的奉献者。"一切都是为了人民，心里永远装着群众"，在任职街道社会治理办主任和育爱村第一书记时，严峻时常这样告诫自己。他主动深入基层调研，多方协调化解各类社会矛盾纠纷200余件；积极开展"走帮服"活动，慰问困难家庭60余户，帮助驻点村解决了清理郊野林地、讨要归还大棚农田等不少实际问题；"七五普法"活动期间，多次为中小学生上法制课，开展丰富多彩的暑期青少年法治教育活动，牵头组织连续七届法治文艺汇演，受到广大群众的一致好评。

第三节　网格员应具备的法律素养

2021年1月1日起施行的《江苏省城乡网格化服务管理办法》的第十四条中首先就指出网格员理应"遵守法律、法规"。同时，还指出具有下列情形之一的人员，不得担任专职网格员：（一）受过刑事处罚或者涉嫌犯罪尚未结案的；（二）曾被行政拘留、司法拘留的；（三）曾被国家机关、事业单位开除公职的；（四）被依法列为失信联合惩戒对象的；（五）法律、法规、规章规定的其他情形。这不仅要求网格员自身要做到遵纪守法，也从另一方面规定了网格员应具备的法律素养。

一、遵纪守法

"善禁者，先禁其身而后人；不善禁者，先禁人而后身。"网格员肩负着维护社会秩序、服务居民群众的使命。作为一名网格员，遵纪守法是自身应尽的基本职责和义务。

首先，遵纪守法是网格员履行职责的基础和前提。作为基层治理的参与者，网格员是政府执行法律和政策的重要实施者，他们必须遵守国家法律法规、地方规章制度以及有关基层治理的相关规定。只有依法行事，才能保证网格员在工作中的合法性和有效性，保障基层治理工作的正常进行。同时，遵纪守法也是确保网格员能够履行职责、发挥作用的重要保障，无论是在开展巡逻、维护社会安全还是提供服务等各方面的工作，都需要在法律框架内进行。

其次，遵纪守法是网格员树立良好形象、赢得居民信任的重要条件。作为基层治理的一员，网格员直接与居民接触，是社区居民生活中的重要组成部分。网格员的身份，代表着政府与法律的形象，他们的一举一动都会受到居民的关注和评价。如果网格员不遵纪守法、滥用职权甚至违法犯罪，将严重损害社区居民对网格员的信任和对基层治理工作的认可，进而影响整个社区的稳定和秩序。相反，只有遵纪守法、廉洁奉公，网格员才能赢得居民的尊重和信任，树立良好的形象，为基层治理工作奠定坚实的基础。而且，网格员处于社区的一线，经常与居民接触，有责任通过自身的言行去影响和教育他人，让人民群众了解法律的重要性和尊重法律的权威性。

再次，遵纪守法是保障网格员自身权益和工作安全的重要保障。在履行职责的过程中，网格员需要面对各种复杂的情况和问题，包括处理纠纷、化解矛盾、维护社会安全等。如果网格员不遵守法律，超越职权，随意行使权力，将面临法律责任和行政处罚的风险，甚至可能导致工作中出现安全事故。只有遵纪守法、依法履职，才能在法律框架内开展工作，保障自身的权益和安全，同时也为居民提供安全稳定的社区环境。

最后，遵纪守法是培养网格员廉政意识和职业道德的重要途径。基层治理工作需要高度的责任感和道德观念，网格员作为基层治理的一员，必须以身作则，遵守法律规定，严格约束自己的行为，树立廉洁奉公的榜样。只有通过遵纪守法的实践，网格员才能增强法律意识、职业操守和道德水平，从而更好地履行职责，为社区的和谐稳定作出贡献。

遵纪守法是对所有公民的基本要求。新时代，网格员要做遵纪守法的典范，要率先垂范，牢记法律红线不可逾越、法律底线不可触碰，带头遵守法律、执行法律，带头营造办事依法、遇事找法、解决问题用法、化解矛盾靠法的法治环境。网格员必须自觉遵循法度，自加压力、自我约束，既要有不越线的"严要求"，又要有不踩线的"高标准"，时刻以"党纪国法"来约束和规范自己的行为，做到法定职责必须为，法无授权不可为。更为重要的是，网格员要自觉向党中央和习近平总书记对标看齐，既要有所为，亦要有所不为，心存敬畏，方得始终，在当今社会错综复杂的形势下和形形色色的诱惑面前，要懂纪法、守规矩，不该想的不要想，不该干的不要干，做到心有所止、行有所止。

二、学法懂法

法律素养的高低，直接决定着依法治理、依法决策和依法办事的水平。对于网格员而言，学法懂法不仅仅是一项义务和责任，更是网格员的基本素养。一方面，网格员学法懂法，有助于维护社会稳定和治安。网格员作为基层社会治理的重要一环，负责居民的日常安全和治安维护。网格员学法懂法，可以提高对法律法规的认知和理解，使其能够更好地履行维护社会稳定和治安的职责。网格员掌握法律知识和法律程序，可以及时发现和处理违法犯罪行为，维护社会秩序，减少影响社会稳定事件的发生，保障社会的和谐稳定。另一方面，网格员学法懂法，有助于促进基层社会治理的制度化。网格员学法懂法后，能够更好地运用法律手段处理社区矛盾和纠纷，提供法律咨询和援助，为社区居民提供公平、公正、便捷的服务，提升基层社会治理水平。而且，网格员学法懂法，能够全面了解和掌握法律执法程序，提升执法能力和规范操作水平。网格员作为基层执法人员，必须依法履职，执行法律，做到公正、透明、文明执法。学习法律知识可以帮助网格员正确判断事实和法律关系，准确执行任务，提高执法效率，避免执法失误和不当行为的发生。

新时代的网格员要认真学习领会习近平法治思想，吃透基本精神、把握核心要义、明确工作要求，把习近平法治思想贯彻落实到全面依法治国各方面和全过程。要重点学习宪法、民法典、行政法、诉讼法等重要法律，学习同网格化治理工作岗位密切相关的法律法规和地方规章制度，明白法律规定网格员怎样用权，什么事能干，什么事不能干，切实增强法律知识储备，做到学用结合、学以致用。网格员学法懂法，才能心中高悬法律的明镜，手中紧握法律的戒尺，知晓做事的尺度。其中，网格员可以积极参加培训班、学习课程，提高法律素养和专业水平。同时，在社区中也可以组织开展法律知识宣传教育活动，向居民普及法律法规，提高社区居民的法律意识，共同营造遵纪守法的社区环境。

除此之外，对于网格员而言，需要着重学习和懂得哪些法律？

第一类，网格便民服务类法律法规。（1）《中华人民共和国残疾人保障法》。该法是为了维护残疾人的合法权益，发展残疾人事业，保障残疾人平等地参与社会生活，共享社会物质文化成果，根据宪法而制定的法规。残疾人是网格员需要服务的重点群体。网格员走进残疾居民家中，同残疾村民及家属深入交谈，详细了解他们的身体状况、生活情况和实际困难，耐心倾听他们的心声，并根据每位残疾人的不同特点和需求，结合《中华人民共和国残疾人保障法》为残疾人提供爱心帮扶，提高残疾人生活品质，真正实现精准服务，切实做到"弱有所扶"。

(2)《中华人民共和国老年人权益保障法》。该法是保障老年人合法权益，发展老龄事业，弘扬中华民族敬老、养老、助老的美德而制定的法律。网格员开展爱老敬老活动，宣传保障老年人合法权益。比如，为切实推动养老金领取工作规范化和便捷化，网格员采取上门服务的方式，为60岁以上行动不便的老人进行养老保险资格认证，把认证窗口搬到群众家门口，打通便民服务的"最后一公里"。而这种认证行为，正是践行《中华人民共和国老年人权益保障法》的典范。

网格员需要学懂的类似的便民服务类法律还有《生态环境行政处罚办法》《养老机构消防安全管理规定》《中华人民共和国社会保险法》《社会保险经办条例》等。

第二类，网格矛盾化解类法律法规。其中最重要的就是《中华人民共和国民法典》（以下简称《民法典》）。2020年5月28日，第十三届全国人民代表大会第三次会议表决通过了《民法典》，涉及婚姻、继承、收养、担保、合同、物权、侵权等容易产生社会矛盾的内容。为此，网格员要将《民法典》送到群众手中，为群众解读《民法典》的重大意义、编纂历程和鲜明特色，让每一位群众走近《民法典》、了解《民法典》、运用《民法典》，化解社会矛盾。

网格员需要学懂的类似的矛盾化解类法律还有《中华人民共和国劳动争议调解仲裁法》《劳动人事争议仲裁办案规则》《劳动人事争议仲裁组织规则》等等。

第三类，网格治安巡防类法律法规。最重要的就是《中华人民共和国治安管理处罚法》。网格员同时也应该是治安员。为维护辖区治安稳定，强化社会治安综合整治，推进平安建设，让群众生活在一个和谐、稳定的社会治安环境里，网格员需要在网格内进行治安巡查和宣讲，这是网格员工作的基本任务。

网格员需要学懂的类似的治安巡防类法律还有《中华人民共和国道路交通安全法》《中华人民共和国国家安全法》《中华人民共和国集会游

行示威法》《大型群众性活动安全管理条例》《娱乐场所管理条例》《民用爆炸物品安全管理条例》《危险化学品安全管理条例》《营业性演出管理条例》等。

第四类，网格流动人口、特殊人群服务管理类法律法规。比如，《租赁房屋治安管理规定》《中华人民共和国社区矫正法》等。网格员需要协助司法所工作人员，通过与社区矫正人员的家属交谈，详细了解社区矫正人员的家庭、工作、生活和思想状况。同时对社区矫正人员的家属进行法治宣传。

第五类，网格安全隐患排查类法律法规。比如，《中华人民共和国安全生产法》《中华人民共和国消防法》《中华人民共和国特种设备安全法》《中华人民共和国道路交通安全法》《中华人民共和国防洪法》《中华人民共和国食品安全法》《安全生产许可证条例》《生产安全事故报告和调查处理条例》《安全生产违法行为行政处罚办法》等。其中，网格员在进行安全隐患排查时，网格员应时刻保持警觉，注意周围的危险迹象和可能存在的安全隐患。遇到不确定情况或危险时，应立即向上级报告并采取适当的措施，不应私自处理或擅自决策，以免影响排查结论的准确性和后续处理的规范性。

三、依法办事

法律的生命力在于实施，法律的权威也在于实施。网格员是否具有法治思维，能否在具体工作中坚持依法办事，直接涉及全面推进依法治国中各项工作能否真正有效地贯彻落实。如果网格员干部不懂法、不学法、不依法办事，党通过宪法法律治国理政的目标就无法实现，国家治理体系和治理能力的现代化也无从说起，网格化治理工作成效的提升更是无从谈起。网格员肩负着服务群众的使命，要时刻维护人民群众的合法权益，确保人民群众的利益不受侵犯。只有坚持以法律为依据，严格按照程序和规定办事，才能给予人民群众公正、公平的待遇，保障人民群众的合法权益不受侵害。

当前，绝大多数网格员在依法办事方面做得比较好。但在基层治理中，还存在不少问题。有的网格员法治意识比较淡薄，习惯于"拍脑袋办事"，有法不依；有的网格员依法办事不严，把法律当作橡皮筋，可松可紧。这些行为严重影响了法律的权威和网格员的形象。此外，征地拆迁、环境污染、移民安置等问题，涉及群众的切身利益，如果网格员处理不当、不依法办事，就容易引起一些社会问题。

网格员的职责是法规赋予的，其权限与职责紧密相连。这就要求网格员在处理问题时，要做到：

第一，网格员要运用法治思维去解决矛盾和冲突。作为网格员，我们处于社会治理的前沿，直接面对日常的纠纷处理与社区管理，依法办事是我们应尽的责任。只有依法行事，我们才能依法做到公正、公平、公开地处理各种矛盾和纠纷，真正实现社会秩序的稳定与和谐。运用法治思维去解决矛盾和冲突，耐心向群众讲解法律政策以及法律的作用，而不能采用强硬的办法去处理，要避免以言代法、以权代法、以情代法。

第二，网格员要严格执行工作程序和遵守工作纪律。在日常工作中，网格员应按照规定的程序和流程进行各项工作，不得擅自行事、超越职权。同时，网格员要自觉遵守工作纪律，如准时上下班、服从工作安排、保守工作秘密等。只有坚守工作纪律，才能有效维护社区秩序和居民权益，确保居民的利益受到切实保障。只有按照法律的规定和程序进行工作，才能做到权威、科学、客观，保证网格化治理工作的公正和准确。只有深入贯彻落实党和政府关于基层治理的正确方针，才能在工作中做到依法办事、廉洁奉公，为社区的和谐稳定作出应有的贡献。

第三，网格员要加强自我监督和互相监督。围绕健全的内部管理机制和网格员考核评价体系，明确自身的工作标准和责任分工，实行相互监督和相互约束。同时，也要加强对网格员的监督，建立举报投诉机制，对违反法律法规和职业道德的行为进行查处和处理。只有通过加强自我约束和相互监督，才能有效地减少违纪违法行为的发生，增强网格员遵纪守法的意识和自觉性。

> 典型案例

37本80万字"民情日记"!
江苏73岁网格员当选全国法治人物

2021年12月4日,第8个国家宪法日,《宪法的精神 法治的力量——2021年度法治人物》颁奖礼举行。江苏省启东市海复镇庙基村第一党小组组长、第一网格网格员倪伯苍光荣当选全国"2021年度法治人物"。颁奖礼上,主持人康辉深情念诵着倪伯苍的颁奖辞……细数这十年,他先后获评"全国模范人民调解员""江苏省十大法治人物""江苏省最美网格员"等称号。如今,73岁的倪伯苍身体健朗,依然奋战在法治乡村建设一线。他说:"我是螺丝钉上一滴油,乡亲的心结我最懂。"

2012年,倪伯苍成为启东实行网格化管理以来的首批网格员,他所"掌管"的海复镇庙基村第一网格,包括1条街道、1家银行、2所学校以及8个村民组,共有村民近300户、800多人……

这个网格是曾经的治安重点地区,也是上访重点地区。为了尽可能了解村民需求,他每天早上5点不到就起床了,干完农活、喂完家畜,就开始到网格中巡查走访。

检查安全隐患、收集民情民意、解决矛盾纠纷……倪伯苍的身影常常出现在田间地头,成为当地老百姓最信赖的人,他们亲切地称呼他"倪家伯"。

一到晚上,他就开始把白天的走访情况、发现的问题以及解决的矛盾纠纷,认认真真地记录下来,光"民情日记"就有37本,约80万字,内容涵盖了与村民生活息息相关的方方面面,大到国家方针政策的实施、法律的颁布,小到村规民约、矛盾调处……

2017年,国务院发展研究中心周灵灵等专家在看了倪伯苍的"民情日记"后,称赞他为"他们所看到的做得最好的网格员",并在社科文章《新时代城乡社区协商若干问题的思考——理论考察与实践探索》中提到了倪伯苍在网格内开展的社区协商民情分析会工作。

带头做"法律明白人"。有人帮倪伯苍算过，一年365天，他要处理的"事务"不下400件，涵盖了土地纠纷、婚姻问题、邻里矛盾等。

"要给乡亲们想点子、出主意，我首先要带头做个'法律明白人'！"倪伯苍自费购买各类法律书籍，除自己研究学习之外，还供村民借阅。

在当地政府的支持下，他腾出两间房屋，在自己家中办起了"家庭普法站"，屋外路边竖着一排宣传栏，张贴预防网络电信诈骗提醒标语，屋里还放着书柜、音响、放映一体机，帮助村民获取更多的法律资讯，提高学法用法能力。

在倪伯苍的带动下，庙基村第一网格将法治宣传与农民活动紧密结合，自发组建了海复镇乃至南通地区第一支集应急救援、文艺活动、普法宣传、巡防联防、关注民生为一体的网格综合性团队。

他们自编教材10余套，成为启东首批农民平安法治学校巡讲点，光今年就在海复镇17个村和周边乡镇开展了30余次宣讲活动。

此外，微信普法进网格也是倪伯苍网格的一大特色，通过整合调解员、村居法律顾问、辖区民警等普法资源入群，在线解答各种有关法律、政策方面的疑惑，群众的法治意识不断增强。

2021年6月，作为"沙地普法名嘴"的倪伯苍，还组织举办了第五届网格平安法治文化节，他还参与法治类节目的创作，《三代人说海复历史》《镇霸落网记》等一批喜闻乐见的普法节目受到群众欢迎。

庙基村第一网格被启东市网格办、依治办评为"十大法治网格"，庙基村也被选为"乡村依法治理的重要实践基地"，成为海复镇法治建设的标杆阵地。

矛盾调解找"倪家伯"。2017年4月，倪伯苍建成了南通市第一个网格版的"平安法治护航站"，他的工作室像一个小型的"村委会"，墙上还挂着工作职责、工作流程、人员公示等信息。

作为南通首家自办的网格活动中心，倪伯苍组织引导村民到工作室看看书、学学法、聊聊天、吐吐槽，把心中的"小诉求"聊出来、"小疙瘩"解开来。

他也面对过一些棘手的疑难复杂案件、历史积案。比如，因为1.4平方米宅基地，庙基村施家兄弟"互掐"了30年。这项调解工作，2021年年初交到了倪伯苍手中。

"在自己宅基地上盖房子，这也有错？""当初说好这块地调给我了，现在你倒打一耙！"在处理初期，双方言辞激烈、互不相让，导致调解难以推进。倪伯苍了解完事情来龙去脉后，翻遍了所有关于农村宅基地、土地确权等法律法规和政策精神，果断做出一项决定：让专业人士来解答。

带着满满的"政策干货"，一周后，他邀请网格援法议事团成员一起协调，依法入情入理分析相关案情，提出处理方案，兄弟俩的思想疙瘩逐渐解开，双方握手言和。"像施家兄弟这样的土地纠纷在农村很常见，我们不仅要耐心讲解法律知识，最关键的还是要从当事人的立场去解开他们的心结。"倪伯苍说。

同时，他借鉴并拓展了"枫桥经验"，引导网格村民自我解决，每周召开网格协商议事会，基本实现了"大事不出村居、小事不出网格"。

"解决问题得靠老倪，无论做人还是做事，实诚！"其他村的村民遇到困难也会慕名而来。近十年来，他累计化解各类矛盾纠纷1 000多起，其中婚姻家庭类矛盾近300件，处理重大、恶性事件和矛盾20余次。

他善于总结，结合日常调解案例，思考如何更好地解决群众"堵点""痛点""难点"问题，引导村民办事依法、遇事找法、解决问题用法、化解矛盾靠法，被群众称为解决矛盾疙瘩的"金钥匙"。

第三章　网格员需提升哪些能力

2021年1月1日起施行的《江苏省城乡网格化服务管理办法》的第九条指出，城乡网格化服务管理工作主要包括下列事项：（一）宣传法律、法规和国家方针政策；（二）依法采集、登记、核实网格内的实有人口、房屋、单位、标准地址等基础数据、动态信息；（三）排查上报网格内社会治安问题情况和公共安全隐患；（四）协助开展突发事件预防处置、一般治安事件处置和重大活动安全保卫工作；（五）协助排查处置网格内信访、家庭暴力和民间纠纷以及其他影响社会稳定的矛盾问题；（六）协助村（社区）便民服务中心为网格内村（居）民提供便民、利民服务以及就业创业、社会保障、民政、卫生健康、税务等民生公共服务；（七）协助人民法院开展文书送达、执行相关工作，协助排查走访社区矫正对象、刑满释放人员、吸毒解戒人员和肇事肇祸的严重精神障碍患者、生活无着的流浪乞讨人员等重点人群管理工作；（八）协助村（居）民委员会、村（居）民小组开展村（居）民自治和民主议事协商；（九）协助开展平安建设、新时代文明实践和民族团结进步创建等活动；（十）协助开展反渗透、反间谍、反分裂、反恐怖、反邪教等安全防范工作；（十一）协助做好涉及住房城乡建设、生态环境、城市管理等相关工作；（十二）县级以上地方人民政府决定通过网格开展的其他事项。其实，这十二项工作任务就从另一个侧面规定了网格员理应具有的基本能力。在实践中，由于网格化管理事务的复杂性、网格员素质的差异性、各地基层治理情况的特殊性，网格员亟须提升以下四大基本能力。

第一节 服务群众能力

网格员需要提升服务群众能力，就是要求网格员在工作开展的过程中，急群众之所急，想群众之所想，盼群众之所盼。具体来说，必须树立服务理念、了解服务对象、丰富服务内容。

一、人民至上，树立服务理念

思想是行动的先导，树立正确的思想理念能够有效推动实践工作的开展。对于基层网格员而言，提高服务群众的能力首先需要在思想上提高站位，确立人民至上的立场和观点，确立为民服务的理念，在为民服务理念的指导下有效开展网格化治理工作。基层网格员只有树立为民服务的理念，才能有效调动社会资源、履行职责，才能为人民群众提供更加优质的服务，才能不断实现好、维护好、发展好最广大人民根本利益。

中国传统民本思想中蕴含为民服务的理念和重民养民之策，这为基层网格员提升为民服务能力提供了思路。"民本"是对《尚书·五子之歌》中"民惟邦本，本固邦宁"的简称。在早期王权时期，舜聘任二十二人担任官职，帮助百姓播种百谷，缓解饥饿，用"五教"来教化群众。"慎罚"是周公爱民惜民的重要内容之一。周公主张施刑要合宜合议，反对滥用刑罚，并通过"勿用非谋非彝"来感化民众、养育民众。孔子的"节用爱人，使民以时"；孟子的"裕民生、薄赋税、止战争、正经界"四种方式；荀子的"轻田野之税"的农业政策和"平关市之征，省商贾之数"的工业政策都体现了儒学思想家的养民之策。贾谊主张百姓是国家的基础，是君主和官吏的根本，民心向背是国家治安的关键。陆九渊认为"百姓之命"在"天下之事"中最为重要，等等。由此可见，中华传统文化始终强调"养民利民"，基于此观点，制定了多种治民利民政策。而基层治理的网格员作为为民服务的直接实施者和最后一公里实行者，要弘扬为民的优良传统，将中华优秀传统文化中为民服务理念铭记于心、外化于行，助力网格化管理工作的高质量开展。

马克思主义政党是为人民服务的无产阶级政党，网格员是在党的领导下为人民群体提供服务的重要载体。党的二十大报告提出："人民性是马克思主义的本质属性……我们要站稳人民立场、把握人民愿望、尊重人民创造、集中人民智慧。"必须坚持人民至上是新时代中国特色社会主义思想的世界观和方法论的重要组成部分。新时代，以习近平同志为核心的党中央始终坚持人民至上、改进作风、提高能力、务实为民。为此，网格员作为基层工作的主体，虽然做着普通平常的事情，但总是处于基层治理的一线，直接从事与人民群众利益密切相关的工作，与群众共同生活，必须始终坚持为民服务的思想，必须站在人民立场思考问题。只有如此，才能充分了解所联络的群众思想和行为，进而为人民群众提供优质服务。

树立为民服务理念，基层网格员不能挂在嘴上，而应落到"脚"上。要做到网格里穿梭、巡查，管理自己的"责任田"。要善于与居民谈心，倾听诉求是他们的日常工作。比如，代办居民老人卡、代缴水电费、代收包裹、疏通下水道、清运垃圾等工作。居民的衣食住行、柴米油盐、头痛脑热等大小问题，网格员要在其能力和职责范围内及时、快速地作出回应。如果力不能及，一定要及时向社区、街道、区、市反映，联动解决。树立为民服务理念，网格员要把网格当作家，把居民当作自己的亲人。网格员要抱着绣花一般的精耕细作精神，不忘为民服务的初心，在细小而不简单的一桩桩事情上，用实干赢得群众赞誉，用务实担当赢得群众认同。

树立为民服务理念，网格员要走好群众路线。秉持人民至上的精神，做到有深度、有广度、有温度地密切联系群众，为推进基层治理体系和治理能力现代化建设作出应有的贡献。其中,在走好群众路线的过程中可以采取以下几种方式。

(1)入户座谈联系群众法。网格员要到联系户中座谈。进千家门,见千家人,说千家话,暖千家心,是网格员的本职。网格员把居民当亲戚、当朋友,最能拉近与居民之间的距离。人走近,话谈近,心贴近,网格员才能赢得居民认同、理解、支持。入户座谈不是简单的查户口、核信息,而应该是情感的交流和思想的沟通,是彼此尊重和真诚的关怀,是细心的疏导和正确的引导。网格员通过入户座谈与居民建立良好的情感,把党的路线方针政策宣传好,使之感党恩;把共建、共治、共享的理念诠释好,使之增强责任感。

(2)双线互动联系群众法。网格员要经常与联系户保持联系。亲戚朋友靠走动,社会组织靠联动,小区居民靠互动。人长时间不联系就生疏,经常联系就亲近。网格员要把握居民个性特点,适时线上互动线下交流,保持联系的尺度和温度。久久为功,网格员就成为居民的贴心人,就与居民建立了感情。在需要的时候,网格员就能动员居民参与社区治理。

(3)文体活动联系群众法。网格员要组织居民开展文体活动。社区居民在工作之余,也喜欢参加文体活动。网格员组织的文体活动是联系群众的一个载体。网格员要善于谋划和组织,把社区治理、文明创建和丰富群众精神生活结合起来,增强居民对社区的认同感、归属感、责任感。

(4)实事感召联系群众法。网格员要多为群众办实事、办好事,用实际行动取信于民。网格员要尽力而为,真诚解决居民"急难愁盼"的事,让居民有实实在在的获得感。网格员为群众办的事情越多,网格员在群众中的号召力就越强。网格员要以干实事、解决问题为契机,增进对居民的了解。比如,当一个小区出现了旧改项目的实施等居民共同关心的问题时,网格员就应当不失时机地解决居民关心的问题。其实,解决问题、干实事的过程就是网格员联系群众的过程。

二、知己知彼，了解服务对象

中国共产党是为广大人民谋幸福的党，为人民服务一直被写在党旗上。网格员是国家各项路线、方针、政策落地落实，走完"最后一公里"的践行者。网格员始终牢记人民利益高于一切，切实把对上负责与对下负责统一起来，绝不做自以为领导满意却让群众失望的事情。因此，网格员需要充分了解服务对象，明确自己需要服务的对象，只有知己知彼，才能百战不殆。

基层网格员在服务群众时，一方面要了解每一个服务对象的基本特征，诸如家庭状况、身体状况、与他人（邻里、朋友、子女、配偶等）相处的情况，对每一个服务对象的状况做到了然于心，同时也要密切关注服务对象的动态变化，从而为后续的服务开展做好充足的准备。网格员也要积极做好服务对象的备案工作，例如，如果涉及村或社区拆迁赔款问题等，根据对服务对象性格和基本情况的了解，精准定位哪些服务对象更容易出现一些不配合拆迁的行为、制定什么样的政策会推动与服务对象达成和解、如果无法和解最后的措施如何进行等。

另一方面要对服务对象进行分类，进而有针对性地开展服务工作。网格员需明晰服务对象提出的具体要求，进而在服务工作中对症下药。网格员需制定分类的标准，并且根据实际情况对不同时期的标准进行实事求是的运用。例如，根据经济收入状况，将服务对象分为非常富裕、富裕、中等、困难、特困 5 类，在争取政府补贴、慈善捐助、企业帮扶等方面为服务对象争取利益，切实做到为群众服务。其中，对于重点服务对象（如表 3-1），网格员要关心关爱、重点帮扶。社区的特殊群体包括艾滋病患者、社区矫正者等，网格员要对这部分特殊人群进行心理疏导和人文关怀，使他们的思想行为回归正常人群。网格员要关心鳏寡孤独，给他们送去自己的爱心，送去党和政府的温暖。网格员要关爱特殊群体，将密切联系群众工作做到全覆盖。

表 3-1　网格员对重点服务对象的分类

对象大类		对象子类	
类别	类别	编号	名称
A 类	弱势群体	A1	重病卧床老人
		A2	孤寡空巢老人
		A3	低保困难对象
		A4	残疾人
B 类	管控群体	B1	矫正人员
		B2	归正人员
		B3	涉毒人员
		B4	涉邪人员
		B5	心理疾病患者
		B6	重点青少年
		B7	信访人员
		B8	危险品从业人员
		B9	非法销售人员

三、深化调研，丰富服务内容

在现实的工作中容易存在"唯上心理"，部分网格员错把"领导满意"当作行为标尺，把"密切联系领导"当作行为指南，为了数据留痕而积极完成上级任务，忙于管理台账和记录工作，脱离了"密切联系群众"的宗旨。网格员完成上级任务，应结合地方实际，上下充分沟通，而不是一味埋头苦干、低头蛮干。网格员可能存在在实际工作中都表现出被动式为群众服务的情况，缺乏积极主动的作为。网格员要充分发挥纽带和桥梁作用，不能仅仅是为了完成任务而工作，不管不顾民意需求，成为政策执行的"机器"，其中重要的方法就是调查研究。

调查研究是中国共产党人一贯坚持和重视的工作方法。社会调查是用实际行动探索事物发展的规律，是认识和分析事物的基本方法和途径，是制定策略的前提和开展革命运动的理论依据。毛泽东曾作了"调查"就像"十月怀胎"，"解决问题"就像"一朝分娩"的比喻。采取"下马观花""开调查大会""解剖麻雀的典型调查"实现了"深入、沉下去"的调查，集中精力将一个地方研究透，从而防止决策主观化、表面化、片面化。毛泽东在《农民问题丛刊》作序中提到："跑到你那熟悉的或不熟悉的乡村中间去，夏天晒着酷热的太阳，冬天冒着严寒的风雪，搀着农民的手，问他们痛苦些什么，问他们要些什么。从他们的痛苦与需要中，引导他们组织起来，引导他们向土豪劣绅争斗，引导他们与城市的工人、学生、中小商人合作建立起联合战线，引导他们参与反帝国主义反军阀的国民革命运动。"① 习近平总书记向来高度重视调查研究，这集中体现在他问计于民的身体力行中。习近平总书记强调："调查研究要注重实效，使调研的过程成为加深对党的创新理论领悟的过程，成为保持同人民群众血肉联系的过程，成为推动事业发展的过程。"② 浙江山海协作工程的设想，也正是习近平在舟山调研过程中与基层同志共同探讨出的设想。"八八战略"的部署和细化、浙江优势的充分发挥也是习近平在浙江工作调研期间开出的新局。

新时代的网格员应当善于调查研究，以问题为导向开展调研，又在调研中发现网格化服务中存在的问题，进而以调研开新路、开新局。网格员不是仅仅将名字挂在村民或居民的房屋门前，成为一个挂在墙上的名字，而是要结合自己所服务对象的实际，走进田间地头、走入寻常百姓家，了解他们的困难和真实想法，并将调研的结果反映在后续的服务工作内容中。网格员是与百姓最贴近的群体之一，针对服务对象了解不足的问题，要密切联系群众，主动担当作为，以民为本，倾听百姓心声，了解群众实际需求，及时回应群众关切。网格员要注重调查研究，切实走进服务对象，以调查结果为依据，丰富服务内容，将调查而来的

---

① 《毛泽东文集》第1卷，北京：人民出版社，1993年，第37、39页。
② 习近平：《习近平谈治国理政》第三卷，北京：外文出版社，2020年，第526页。

问题和需求纳入网格化服务体系。随着经济社会的发展，网格员要在关注居民衣食住行等基础条件的前提下，更多地关注群众生活品质如何提高、公共资源的分配是否公平，教育、医疗、养老、安全、文化生活环境是否改善等。基于此，只有网格员成为最接近群众的群体，才可以发现群众的多元化服务需求。如果是在能力范围内能够解决的情况，就将其纳入服务范围，及时提供对应服务。如果不在服务范围之内，就及时汇报和反映，充分发挥群众和政府的桥梁作用。网格员在调查中要归纳和总结经常遇见的问题，形成问题类别，统一进行问题管理和解决方案提供，由此提供更为精准的服务。

典型案例

当好群众"贴心人"
——南京市江心洲街道洲岛家园社区党员楼栋长虞源文

作为一名有着33年党龄的老党员，全身心地投入社区楼栋治理中，为乡亲邻里解决生活上的小问题，是虞源文最大的乐趣，也是一名党员应尽的责任。

虞源文，1990年加入中国共产党，江心洲街道洲岛家园社区党员楼栋长。转业前，虞源文曾在中国人民解放军某部队任职，2019年3月退伍后，虞源文积极响应江心洲街道洲岛家园社区号召，成为一名党员楼栋长，负责江心洲街道洲岛家园社区悦江苑9栋联户工作。从入伍到退伍，从部队到邻里乡亲，作为一名共产党员，"为人民服务"这5个字始终是虞源文的初心和使命。

洲岛家园社区是一个充满人情味的安置房小区，民风淳朴，邻里和睦，在社区党委的团结下，大家心往一处走，劲往一处使，争先恐后地想为小区楼栋多做一点事。经过社区的号召选拔，大家有的自荐，有的相互推荐，最终确定了31名党员楼栋长，成为洲岛家园社区"自我管理、自我治理"的先锋。

虞源文拿着党员楼栋长聘书，一种责任感油然而生。社区党委的领导坚实有力，即刻开展"栋"力无限赋能培训，制定了"5大类11项"工作职责，重点人群帮扶、矛盾纠纷化解、安全隐患排查等都是日常的职责。社区居委会主任更是与虞源文结成对子，"一对一"带虞源文熟悉楼栋长的工作，还贴心地为虞源文配备了工作牌和联户工作日志，帮虞源文亮出党员身份，发挥先锋作用。

做好一名"宣传员"，虞源文把党的声音原原本本地传递到街坊邻里的耳朵中，把党的二十大精神深入浅出地说给邻里听，引导他们树立社会主义核心价值观，凉亭下、公园里、楼道旁，处处都是"红色讲堂"。虞源文会把社区新建设的365网格服务驿站及好的政策活动介绍给街坊邻里，让大家充分感受到社区日新月异的变化。

做好一名"战斗员"，虞源文发挥出自己曾经作为一名军人所具备的专业素质、业务技能和丰富经验优势，参与楼栋"平安志愿者"志愿服务工作。同时，虞源文也注重在闲聊中收集各类诉求、意见建议和矛盾纠纷，将大家的想法传达给社区党委。虞源文还主动参与调解邻里纠纷，化解意见和分歧，这样更能促进社区秩序稳定，邻里之间和睦相处。

做好一名"服务员"，虞源文喜欢帮助楼栋内有困难的群众，也带领大家互相帮助，形成了良好的邻里关系。作为一名家庭教育辅导老师，虞源文为家长解答家庭教育问题，下班后在楼道内与老年朋友聊聊天，居民搬家时帮助租借手推车，查看困难家庭生活近况……这些都不知不觉成了虞源文的日常。楼上的独居老人邹老先生身体偏瘫，虞源文每周都去帮他买菜，做一些家务，陪他聊聊天，逢年过节帮他贴春联、送福字。邹老先生经常说："他就是我最亲近的人。"目前，虞源文已经走访楼栋邻里66户，帮助解决小区环境卫生、治安保卫、邻里纠纷等各类问题12件。

第二节　沟通表达能力

具备良好的沟通表达能力是网格员的基本角色要求。网格员面对的居民职业、年龄以及性格特征各式各样，因此要掌握相应的沟通技巧和表达能力，建立信任关系。入户走访要亮明身份，让群众知道你是谁，要做什么，主动说明需要群众配合你做什么，这就要求网格员在工作开展的过程中，要做到善于共情、创设情境和及时回复，提升沟通表达能力。

一、善于共情

"共情"又可理解为"同理心"，主要包括情绪共情和认知共情。从社会心理学的角度看，"情感治理作为社会建设和社会治理的重要维度，就是采取制度化或非制度化的方式疏导心理、安抚情绪、慰藉心灵，通过回应情感诉求直接或间接地化解社会矛盾"。[1] 情感不同于法律，法律是以强制性和权威性来约束和规范客体，而情感是以软性和渗透性的方式感知他人的感受、照顾他人的认识，以此推动自身工作开展和客体对主体的认同。

共情能力强的网格员，可以拉近与人民群众的距离。从群众需求方面来说，伴随着社会的日益发展和进步，群众需求呈现出差异性、多样性等特征，他们希望党和政府能供给更多数量、更高质量以及更精准的多元化服务。在功能性需求增加的同时，人民群众的情感性需求也不断增加。网格员作为基层的"最后一公里"和直接政策与思想的传达者，群众在表达自身服务需求时，会希望网格员能站在他们的立场上思考和解决问题，提供更贴心的服务。面对如此情况，这就要求网格员能够共情、善于共情。

当前，网格员在进行共情的过程中，主要存在两大问题。第一是

---

[1] 马西恒：《当代中国社会发展逻辑》，上海：上海人民出版社，2020年，第127页。

"没时间共情"。一些地方的网格员为兼职，需要处理多种事务。网格员需要花费很多时间在其他工作事务中，使得网格员面对繁重的工作时显得分身乏术，没有充足的时间和精力去学习共情能力，甚至处于疲惫的工作状态和忙于应付上级组织的考核、巡查、台账记录等工作，主观上的负面情绪，导致工作上的倦怠，给服务供给效果带来阻碍。第二是"没力气共情"。网格员因持续对受助者进行共情投入，受其情绪"感染"，导致自身共情能力下降，助人能力弱化，继而产生工作懈怠现象。需要指出的是，网格员在与群众共情的时候，切忌被群众的思想和行为带偏，不能失去了原来的正确判断。

那么，网格员如何善于共情、正确共情？

首先，表明一致立场。找到情感认同的基点是成功引起共情的第一步。网格员在开展工作和服务对象的过程中，在沟通前充分了解服务对象的需求和内在的真实想法，并且在不违背法律和国家政策的原则下，表明与人民群众立场一致，站在群众的立场上思考和解决问题。

其次，注重人文关怀。网格员在和服务对象沟通时，要注重人文关怀。如果遇到服务对象的亲人朋友遭遇车祸、病痛等事件，遇到受伤或者已牺牲的情况，要减少深入挖掘当事人心里伤痛，更多以恢复性的角度进行沟通，并且以建设性的姿态去关怀和安慰服务对象。虽然网格员要多传播正能量，宣传真善美价值观和积极方面，但是对于服务对象要保持崇恩尊重，要坚定人文关怀，对伤痛不过度渲染、不刨根问底，保持服务对象良好的心理状态。

最后，讲述真实故事。在沟通的过程中，网格员可以通过真实故事尤其是群众所了解和切近的举例说明，来增强共情的真实性。网格员不需要讲述遥远和完美的人物与事件，就讲述一个个实实在在、真真实实、有血有肉的普通人，用真实人物故事对受众产生冲击力和感染力，最终推动人民群众自发地形成情绪感染，调动人民群众不由自主地思考和共鸣。当然，网格员在对事件描述的过程中，要挑选符合服务对象特征和心理的真实事件，尤其要注重细节的描述。没有细节的描述，群众会感到很空洞，印象就会比较模糊和隐约，无法深入人心。在列举与服务对象类似的事件和人物的处理过程中，要具体描述当时人物内心和动作的细节，历经的挣扎和矛盾。

二、创设情境

网格员在与群众沟通过程中需要创设合适的话语空间和沟通情境，进而增进双方理解，达成理性共识。"理想的话语环境应当理解为脱离了经验、不受行为制约的交往形式，其结构将能够保证，只有话语的潜在有效性要求才可成为讨论的对象；能够保证参与者、话题和意见绝不受到限制，除了更有说服力的论证不存在任何强制，除了共同寻求真理，任何其他的动机都必须摒弃。"① 因此，网格员在服务群众的过程中要积极创设和群众的沟通情境，在安静、宽松、群众能感到放松和有归属的地方开展对话和沟通，能够提升沟通成效。

一方面，要摒弃"高冷"的姿态。"语言的调解功能是语言功能系统中的润滑剂，它时时调解着各种社会语言功能的发挥，使人们的言语交际达到最佳的效果。"② 同样一句话，达到的效果取决于表述人话语姿态的不同。网格员摒弃"高冷"的姿态，主动亲近群众，关心群众诉求，为群众排忧解难，能够获得群众的高度信任。网格员在与群众接触过程中的用语要接地气，将政策和理论中较为晦涩难懂的术语转换成人们听得懂的、亲切感强的表达方式。网格员在精准把握住群众的需求后，不能用自上而下的命令式、控制式的话语，要减少无端打断群众发声的频率，关注群众提出的问题，在群众无法明确表达需求时进行话语的引导和帮助。在和群众发生理念和行为冲突时，要以祈使句、疑问句等形式来缓和气氛，并且配以表示友好的手势等非语言话语，增强话语

---

① 章国锋：《关于一个公正世界的"乌托邦"构想：解读哈贝马斯〈交往行为理论〉》，济南：山东人民出版社，2001年，第153页。
② 许嘉璐、陈章太主编，王洁著：《法律语言研究》，广州：广东教育出版社，1999年，第159—162页。

的生动性和情感性,以此稳定群众的情绪。比如,通过面部表情的变化传递理解、认同、悲伤等情绪,通过身体微微向前倾表示对诉说者的重视,通过时不时的点头或摇头表达意见的判断,对群众作出积极回应。

另一方面,摒弃"高昂"的声音。注重说话的轻重缓急、音量控制。首先,说话的速度应该不快不慢、快慢结合。在言语表达中,应恰当运用节奏的快慢交替,实现快速与缓慢的有机结合,确保表达的节奏既迅速又有序,缓慢而不失效率,达到适度的张力与节奏变化的效果。其次,音量的控制亦至关重要。过高的音量可能会传递出一种侵略性,而适度降低音量则能营造亲切感;然而,音量过低可能导致信息传递不清晰,从而引发误解。最后,应追求声音的和谐与美感,确保声音纯正、悦耳动听,以吸引听众的注意力,避免使用尖锐或嘶哑的音质。[1]

三、及时回复

网格员要充分关照服务对象的需求,及时恰当地解决群众反馈的问题。反馈的问题如果不能得到尽快解决,可能引发群体性事件,这就对倾听者和决策者提出了较高的敏锐度的要求,特别是一开始主动求助应决未决的,不能得到及时沟通和平复,诉求者的情绪被忽视,只能寻求其他解决途径,如跟好友吐槽、集结同类型的居民、对上信访,甚至是聚集群众引发社会关注,运用抖音、微博等自媒体媒介传播声讨视频,引发社会舆论,倒逼解决问题,简言之就是小事拖大、大事拖炸。如果事态在一开始得到控制,诉求在一开始得到理解和支持,哪怕是疏导、安抚情绪,引导建立社会支持网络,也可以尽量避免失效局面。有的群众诉求会由当事人本人来反映,有的委托他人来带话,网格员不能习惯性运用经验,根据模糊的记忆和主观的臆断判别诉求的真实性,并简单根据经验处理问题,或者是脚痛医脚、手痛医手。如果觉得服务对象的要求过高,性格较为难

---

[1] 孙国明、鲁桂华主编:《民事纠纷调解要点与技巧》,北京:人民法院出版社,2007年,第617页。

缠，试图用旧的经验解决新的问题，以为解决了问题，实际上衍生出更多的新问题，导致事态扩大还难以善终，费时费力还不受群众支持理解。长此以往，网格员说什么都没有人愿意听，甚至适得其反，最后就是辖区居民缺乏安全感、幸福感和获得感，对社区公共事务不参与、不理解、不配合。

为此，网格员要努力做到"凡事有回音、事事有回复"。

第一，要准确收集信息。与群众交流时，记录他们提供的具体问题和需求，并及时向相关部门汇报。网格员只有确保信息的准确性和完整性，才能帮助决策部门更好地解决问题。

第二，给予合理答复。根据群众的诉求，提供准确、具体且可行的答复。如果无法立即解决问题，说明原因，并告知相关措施和时间节点，积极与群众沟通进展。

第三，及时跟踪和反馈。及时跟进问题的解决情况，并向群众提供反馈。确保问题得到有效解决后，向群众说明具体的处理结果和解决方案，增强他们对社区管理工作的信任感。在跟踪和反馈过程中，可以通过微信群、电话热线、意见箱等多种沟通途径，让群众可以方便地向网格员提出问题反馈和建议。同时，在社区内定期组织座谈会、志愿者活动等形式，加强与群众的互动和沟通。

总而言之，网格员要及时收集信息，对群众沟通反馈的问题进行全过程参与，及时告知沟通结果和情况，积极询问后续事件的处理是否到位、群众是否满意、群众是否提出相关意见和建议等。

孙风华：用心用情用行做"格格"

孙风华是丹阳市曲阿街道联观村第一网格网格员。她所分管的联观村第一网格共有村民 313 户，其中户籍人口 596 人、外来人口 301

人、常住人口897人。三年来，她逐步从一个对网格化服务管理工作不太熟悉的人，成长为一名能为群众提供优质服务的"最美网格员"，得到了领导的广泛赞誉和村民的普遍认可。

她回忆道："刚上任初，最烦恼的事就是，老百姓'见面不认识你、上门不理你、有事不找你、解决问题不信任你'，开展工作总觉得'格格不入'。"于是她及时调整工作心态和思路：贴近百姓，迎"难"而上，多为他们办实事、办好事，用真心换真情，用"情"争取群众的"信任"，用"行"去赢得群众的理解和支持，"用心用情用行"就是她现在开展网格工作的"法宝"。

爱心搭桥服务，排除居民后顾之忧。"做好网格工作的前提就是要有爱心，把网格内的村民当作自己的亲人，为他们排除生活中的困难，解决他们的后顾之忧。"孙凤华这样说，也是这样做的。网格内有一对年逾八旬的老夫妻，儿女都不在身边，孙凤华了解这个情况后，在走访中重点关注老人的日常生活，对老人嘘寒问暖，还经常将生活用品送上门，使得二位老人能够安度晚年。"现在我每天走访入户时，村民把我当亲人一样，无论大事小事都愿意跟我说，我心里暖洋洋的，工作干起来也越来越得心应手了。"孙凤华感慨地说。

化被动为主动，积极深入调解纠纷。在工作中，孙凤华主动走访入户，特别是困难群众，了解他们的需求，摸排矛盾隐患。在一次日常走访中，孙凤华了解到一位村民因拆迁安置房分配问题与兄弟姐妹产生了矛盾。考虑到该村民与兄弟姐妹的矛盾产生已久，她逐个上门了解各自的想法，再多次邀请他们共同参加沟通会，从亲情、道德、法律多个角度帮助村民打开心结，妥善化解了兄弟姐妹间的矛盾，并顺利将安置房交付到位。在重大时间节点上，孙凤华还会通过网格邀请法律援助人士开展法律知识宣传，让村民知法懂法守法，把矛盾化解在萌芽阶段。

创新工作思维，用好"网格化＋微信群"的指间模式。工作时间以外，孙风华坚持通过网格微信群为村民提供24小时网格微服务，及时回复村民提出的问题。"村民的需求在哪里，微信群里说一声，我们为民解忧的触角就延伸到哪里。"通过网格微信群互动、"电话＋入户"随访沟通、面对面交流等方式，孙风华掌握了网格内村民的第一手资料。再经过汇总分类梳理，她根据不同问题有针对性地解决，落实网格责任制，使"网格管理人性化服务"成为真正的"为民、惠民、便民"工程。为了提供更好的指间网格化服务，孙风华还邀请卫生服务人员、法律援助律师等专业人员加入微信群，线上线下为村民提供各项专业服务。同时，只要是与村民日常生活息息相关的内容，疫情防控公告、实事新闻、健康小常识、防诈骗宣传等都可以在微信群里找到。在孙风华的带领下，联观村目前共建立"网格微信群"4个，入群村民户数达688户，覆盖率达76%。

第三节　信息收集能力

作为网格员，信息收集是网格化治理工作的重要一环。准确辨别信息的真实性、可靠性和价值，有助于提高政府决策的科学性和精准性，保障社会的安定与发展。网格员作为信息收集员，通过全面走访本网格内居民，采集网格内人口、家庭、房屋、单位、设施、场所等基础信息，规范录入社会治理智能化信息平台，并对网格内变化的信息进行动态更新完善，详细掌握网格区域内人口、房屋、社保、就业等情况，建立并动态更新信息台账，做到底数准、情况清，多渠道收集社情民意，协助解决群众反映的问题，确保小事不遗漏、难事不回避、事事能落实、件件有回音。新时代，网格员要根据工作任务的需要，善于通过各种方法收集各类相关信息，对收集的信息进行分类、辨别、整理和分析，并提出相应的处理方法，从而形成闭合链条、实现无缝对接。

一、信息收集前注重提醒和告知

根据《中华人民共和国个人信息保护法》第十七条规定，个人信息处理者应当事先向个人告知相关事项，并要求告知方式显著、语言清晰易懂。对于收集个人信息程序，应明晰原则上同意与告知，避免出现利用职权超范围收集、使用公民的个人信息，侵害公民合法权益的行为。因此，网格员要熟知信息收集的要求，收集信息前期进行提醒和告知。网格员在信息采集工作开始前提醒和告知居民是确保工作顺利进行的重要环节，通过与居民有效沟通和建立信任关系，可以增加信息采集工作的有效性和参与度，同时保护居民的权益和隐私。

第一，提前联系，说明目的。网格员在进行信息采集工作前应提前与居民联系，提醒他们有关信息采集的时间、地点和目的。这样可以减少居民对陌生人进入家中的警惕心理，促使信息采集的顺利进行。网格员应向居民详细解释信息采集的目的，包括政府统计、社区规划等方面的需要。明确目的，可以增加居民的合作意愿和参与度。

第二，线上线下，双向告知。网格员应采取线上与线下相结合的方式，及时且明确地向公众传达信息采集流程、应用目的、信息存储方式及保存期限等相关信息。例如，网格管理员可利用社交媒体平台进行社区信息采集工作的宣传与通知，包括但不限于智慧社区App、抖音、微信等新媒体渠道，亦可采用传统公告栏张贴的方式，向居民公布信息采集工作的相关信息。在大规模个人信息采集活动中，若无法实现面对面的即时个别通知，应通过发放"告知清单"等手段，积极向公众明确信息采集的目的与使用方法。

二、信息收集时注重分类和判断

网格员作为基层社会的信息收集者，在信息收集前要明确所需要收集信息的类型，是属于日常工作常规性的信息，还是突发事件发生后在短时间内所需要收集的信息。针对不同类型的信息，网格员需要采取不同的信息收集方式，做到"情况清、底数明"。一方面，对于日常工作常规性的信息，网格员在收集信息过程中要注重信息的全面性和变化性。比如，网格员进社区的房屋信息、人口信息、流入和流出的人口信息等，网格员必须全面掌握所管片区和群众的基本情况，对于网格内的基本状况要做到了然于心。另一方面，对于突发性的应急事件，网格员在进行信息收集时要做到及时和准确。在信息传递和反馈的过程中每一步都有可能造成信息的失真，网格员必须做到如实地记录信息。比如，突发事件发生的时间、地点、规模，事件起因和性质、基本过程、已造成的后果、影响范围、事件发展趋势、处置情况、拟采取的措施及下一步工作建议等。对于每一步操作，网格员都必须管理和处置笔录，且需保证所收集的信息与初始信息的状态一致，在信息被利用的整个期间内没有发生变化，确保信息的真实性与完整性。对信息中不清楚的内容，应及时向相关部门了解情况或报告给上级组织，做到全面、完整地把握突发事件信息，以使突发事件信息真实、准确。

在明确信息类型的基础上，网格员对所需要收集的信息内容应有明确判断。一方面，要综合各方信息。针对同一问题或事件，网格员应该从多个角度进行观察和分析，可以考虑不同居民、社区组织、专家等的意见和观点，综合各方信息，做出客观全面的判断。另一方面，要分清轻重缓急。网格员能否把握风险信息的性质和要点？该信息是否属于重大或紧急信息？是否是发生在敏感地区、敏感时间的敏感信息？是否可能从小事件演化为重大或紧急信息？网格员要找出这些信息的重点，分出轻重缓急，分类分级上报给相应的管理人员，避免出现不及时上报、错报、漏报以及不报的情况。

网格员在收集信息时应该做到"四个确保"。

第一，确保信息的可靠性。优先选择可靠的信息来源，例如官方发布的通知、统计数据、科学研究报告等，还可以与相关部门和专家进行沟通，获取权威意见和信息。避免引用或传播未经证实的信息，以免误导群众和产生负面影响。网格员要确保网格内人、物、地、事、组织等信息的合格率、动态率，应积极与相关部门建立联系、共享信息资源、加强合作，形成信息共享和沟通的机制。通过跨部门合作，可以更好地辨别所收集的信息内容，提高信息的准确性和可靠性。

第二，确保信息的合法性。网格员应严格遵守信息搜集和使用的规范，在搜集和使用信息的过程中，网格员要遵守相关的法律法规和道德规范。网格员要按照规范的信息收集标准和流程，在进行信息采集工作时应主动向居民提供有效的身份证明和工作证件，以证明他们的合法身份和进行信息采集的权限。这样可以打消居民对陌生人的担忧和疑虑。

第三，确保信息的时效性。信息的时效性对于政府决策和解决问题非常重要。在互联网加持的快信息时代，"快"是确保网格员收集信息时效性的核心要求，要在第一时间掌握信息，做到快速研判、快速汇总、快速编辑、快速上报。因此，网格员要扛起首报责任，落实首报时限要求，重大突发事件发生后，确保第一时间报送，为处置工作赢得主动。网格员要时刻关注最新的政策、研究成果等，及时更新自己的知识和信息库，及时收集和反馈居民的意见和需求。

第四，确保信息的保密性。在信息收集的过程中，往往涉及身份证号码、住址等私人信息，网格员可以获取并掌握居民的个人信息，如姓名、身份等信息作为工作资料，但是稍有不慎很容易造成居民家庭信息的泄露。网格员应向居民保证信息采集的隐私性，并说明采集的信息将严格保密，仅用于相关工作和政策制定，不会泄露给他人或用于其他非法用途。这样可以增加居民对信息采集工作的信任和配合度。网格员要严守为群众信息保守私密性的底线，学习相关的保密文件和知识，在不影响正常工作的前提下，根据部门要求和相关政策精准搜集信息，做到信息收集最小化原则。

三、信息收集后注重答疑和总结

提升网格员的答疑解惑能力对于提高社区基层治理水平、提升群众对政府工作的满意度具有重要意义。网格员在收集信息后应主动解答居民可能出现的疑问和担忧，比如信息采集的范围、内容和用途等方面的问题。通过真诚有效的沟通，可以增加居民对信息采集工作的理解和支持度。如果在为居民服务的过程中，遇到无法解决和回答的问题，网格员可向同事或上级部门进行咨询。这其实就要求网格员要做到以下两点，提升自身的答疑解惑能力。第一，加强专业知识学习和政策理解。网格员要学习相关法律法规和政策文件，要了解国家、地方政府颁布的相关法律法规和政策文件，平时在浏览上级下发的政策文件时，要善于对其中的关键信息进行提取整理，将政策理解和记录好，这样在为居民答疑解惑的时候就可以结合官方政策，为群众提供准确的解答和指导。第二，提高应变能力。面对各种复杂情况，培养自己的灵活性和应变能力，能够迅速适应不同的答疑解惑需求。同时可以学会利用互联网和信息化工具，快速获取相关信息，及时回答群众提出的问题。

网格员在信息收集工作结束后，进行提炼、归纳和总结是提高工作效率和质量的重要环节。其实，提炼、归纳和总结是为了提升信息整合度，要求网格员做到"三知三清三掌握"，即知户情、知格情、知民情，清楚辖区内重点人员、社会组织和公共设施，掌握辖区内基础信息、问题隐患、矛盾纠纷，推动各项工作精准高效进行，改变以往"一张花名册走天下"的固态工作模式。

那么，如何提升信息整合度？第一步，筛选信息。对收集到的大量数据进行清洗和筛选，去除重复项、无效信息和错误数据，确保留下的数据质量高、可靠性强。第二步，分析信息。可以运用统计学和数据分析方法，对收集的数据进行总体性分析，获取信息中的关键指标、趋势和规律。在总体性分析的基础上，通过比对精准识别出存在的问题、矛盾和隐患，辨别出潜在的风险和安全隐患，进行评估和预警，进而及时采取相应措施。第三步，推动决策。网格员根据信息分析的结果，制订合理的工作计划，明确目标和具体任务，合理安排资源和时间。将信息分析结果提供给相关部门或领导，推进决策的制定和执行，确保工作有序推进。通过对信息的深入分析，找出工作的不足之处和瓶颈，提出改进意见和方案，优化工作流程，提高工作效率。根据信息总结和分析的结果，提出合理的建议和改进措施，促进工作的持续改善和优化。第四步，事后管理。网格员要根据信息的内在联系和规律，将相关的信息归纳整理，形成清晰的信息框架或数据库。要将收集、总结和分析的信息建立在信息数据库中，方便日后查询和利用。同时，网格员还要定期更新和维护信息数据库，确保数据的及时性和准确性。

典型案例

锡山"网"事
当好网格信息采集员　助推城乡管理精细化

不论是烈日当空，还是寒风凛冽，他们的脚步从不停歇，只为让城乡管理更加精细、让锡山这座城市更加美丽——他们是基层网格员，是信息采集员，也是"美丽锡山"的践行者。网格员们每天都拿着手机在城市、农村各个角落不停地"转悠"，登记流动人口信息、排查出租房和群租房信息、收集城乡居民社情民意信息……他们通过"全覆盖"的网格信息采集，实现为民服务"零距离"。

分级分类，"云端"采集。自"无锡市网格化社会治理联动处置平台"上线以来，全市人口、房屋等"一标三实"数据统一导入联动处置平台，并实行信息动态更新，确保数据的正确性和实效性。全区根据网格数据处置规则，依托"网格＋警格"联动运行机制，充分发挥广大网格员、警格员与群众之间人熟地熟、关系亲近的优势，深入网格对出租房、群租房、流动人口信息进行排查登记，全面摸清网格内人口基数，掌握网格内各种动态，为网格工作提供有力的信息支撑。东亭街道、羊尖镇、鹅湖镇根据联动处置平台"云端""一标三实"数据，结合全区安全生产排查整治专项行动，对出租房、群租房进行集中整治，检查租赁房屋是否按照规定配备足够的消防安全器材、是否存在违法设置宿舍住人、是否有使用明火、是否有进行防火物理隔离等现象，依法严格拆除房屋隔断，清除各类私拉乱接电线，规范各类消防设施，建立起出租房、群租房安全管理长效机制，取得了良好的效果。

房屋信息上墙，落实长效管理。针对群租房整治隐患回潮和长效管理过程中的典型问题，安镇街道网格中心进一步发挥街道网格员专职化工作优势，在配合各村（社区）对群租房建档信息规范上墙的基础上，加大群租房排查工作力度，重点围绕周期走访、信息维护、宣传引导、联勤联动等方面落实长效管理机制，以高标准、严要求筑起一道辖区群租房安全"防火墙"。

人房信息"活地图"，协助破案"小能手"。2020年6月底，安镇街道网格员小王（化名）接社区民警通知，要求配合重庆警方协查3名诈骗嫌疑人。小王通过查询、核实人口信息资料，确认了该3名人员居住信息，随即反馈给警方。为确保抓捕行动顺利进行，小王带领办案人员一同前往嫌疑人居住地，并假借理由进入了嫌疑人租住房屋，确认了2人在房内、1人回老家的基本情况。重庆警方当即果断出手，对2名嫌疑人实施了抓捕，经核实确为警方抓捕对象。经统计，今年以来安镇街道网格员已协助警方破获了2起案件、抓获了3名嫌疑人。

织密"信息网"，建好"服务网"。东湖塘社区第一网格网格员奚杰来到网格内居民一村秦老伯家中，进行每周一次的例行走访。"您老身体状况都还好吧？""多多注重身体，有什么情况及时和我说""保存好我的电话号码，可以随时和我联系"，除了采集、核查老人家庭基本信息，奚杰还经常性询问老人的生活状况和需求信息，临走前还不忘顺手帮老人扔掉了生活垃圾。为了对老人表示尊重，奚杰并未直接对老人及其家里拍照，只是拍下了门牌，并根据工作要求及时上报联动处置平台。在奚杰看来，每周对老人走访并不是一次简单的信息采集，更是拉近网格员与群众之间距离的一种方式，这也契合了东湖塘社区"以民为本、为民办事"的网格化服务管理理念，让群众真切地感受到网格治理入细微、暖人心。

第四节 矛盾化解能力

矛盾化解是网格员工作的一项重点任务，也是网格员亟须提升的重要能力。《江苏省城乡网格化服务管理办法》的第九条第五项指出，网格员要协助排查处置网格内信访、家庭暴力和民间纠纷以及其他影响社会稳定的矛盾问题。新时代，网格员利用人熟地熟情况熟的优势，使各类矛盾纠纷早发现、早控制、早解决，把矛盾化解在萌芽状态，解决在基层网格内，通过矛盾纠纷"诉"和"调"，打通服务群众的"最后一公里"，为辖区居民群众营造安定和谐的生活环境。

一、厘清矛盾类型，靶向解决矛盾

随着经济社会的快速发展和社会结构的变化，基层社会中矛盾主体日益朝着多元化、多样化发展，其显著表现是"两个增多"。一方面，农民、企业主、享受"低保"待遇的人群、因征地拆迁的村民、行政单位公职人员、个体工商户以及城镇居民等不同群体之间，矛盾愈发频繁。另一方面，群众与群众、群众与行政村社、群众与企事业单位、群众与政府部门、企业与企业、社会组织与政府部门、行政村社与政府部门等主体间，矛盾也在持续增多。在这"两个增多"的共同作用下，社会矛盾渐渐显露出群体化和集团化的发展趋势。

当前，网格员所需要处理的社会矛盾往往都是"小"矛盾，但"小"矛盾一旦化解不好，容易演化为大矛盾、大问题。目前，形成"小"矛盾的原因日益复杂化，并且矛盾之间存在错综复杂的关系。这些矛盾的产生，受多种因素综合影响。从性质来看，涵盖了客观因素与主观因素；从时间维度而言，包含历史遗留问题以及当前涌现的新问题；从矛盾根源分析，存在经济因素，同时也涉及社会治理层面的因素；从构成要素剖析，既有制度层面的原因，也有落实环节的问题。在部分地区，这些看似"小"的矛盾，实则情况复杂：经济矛盾与政治矛盾相互缠绕，地域矛盾和文化矛盾相互纠结，历史问题与现实问题相互交错，民事纠纷和刑事犯罪相互混杂，有理诉求与无理诉求相互交织。在网络化时代，"小"矛盾一旦处理不好，容易在网络媒介的推动下以快速、激烈的形式出现，呈现白热化状态，并且容易引起负面舆论效应。面对如此情况，网格员必须适应社会矛盾的新特点、新变化，做到厘清矛盾类型，进而靶向解决矛盾。

厘清矛盾类型，靶向解决矛盾，必须因事而异。网格员在具体工作中，对于服务对象的情况要做到及时了解，定期及不定期地复盘服务对象所遇见的矛盾，对矛盾进行分类，并且总结不同的矛盾类型及其解决的可能方案。

对于家庭邻里矛盾，要坚持情理结合。网格员所面对的家庭邻里矛盾主要有夫妻间的离婚感情纠纷、抚育赡养纠纷和邻里关系纠纷等。其中，离婚感情纠纷，有的因为感情不牢，有的因为出轨外遇，有的因为家庭暴力，等等。抚育赡养纠纷，主要是因为父母不愿意抚育孩子、子女不愿意赡养老人、兄弟姐妹之间赡养义务分配争执。邻里关系纠纷，有的是因为世仇引起的，有的是由孩子之间的矛盾引起的，有的是由前后左右邻居建房、修路、排水等问题引起的。对于此类家庭邻里矛盾，需要网格员增加常态化走访摸排，提前介入疏解情绪，积极将矛盾纠纷化解于萌芽状态。网格员还需要加大与矛盾主体的沟通力度，取得他们的信任，明白他们的内在需求，同时向他们宣传中华民族传统的优良美德，诸如夫妻和睦、百善孝为先、远亲不如近邻，己所不欲、勿施于人等美德，将情理相结合，助力家庭邻里矛盾的解决。

对于经济矛盾纠纷，要提供法律服务。对于群众反映的拆迁补偿的问题，其主要诉求在于拆迁补偿资金不尽合理、土地或房屋安置不到位。此类事件群众关注度高，涉及经济利益较大。一旦处理失当，容易导致群体性事件，甚至是集体性、长期性上访事件。对于此类事件，网格员不能置之不理，也不能胡乱作为。正确方法是引入司法行政、片区法官、律师等力量，提供专门的法律服务。对现实困难的当事人给予更多的关怀和帮助，对于家庭困难的信访人，通过纳入"低保"、给予生活救济、走访慰问、帮助推荐就业岗位等方式，解决其生活中的实际困难。

需要指出的是，对于矛盾纠纷，网格员能解决的问题第一时间解决，让群众满意；一时无法解决的问题做好解释，要迅速上报，协助做好后期处置，让群众认同；对于超出政策范围的难题认真倾听，让群众"解气"。

二、树立法治思维，加强普法宣传

我国的社会人口流动性不断增强、社会格局发生变革、人口数量不断增加，现代生活使得人群高度聚集而生活高度分化，人与人之间的距离也逐渐拉远，依靠熟人的情分和伦理道德无法解决现有问题，不同个体的道德水平存在较大的区别，对于纠纷化解也存在不同观点和看法，观点之间的碰撞较难达成一致，不利于矛盾纠纷的解决。过分强调单一道德方式化解矛盾纠纷缺乏强制执行力，无法满足基层群众不断增加的解纷需求。随着群众法律意识的不断提高，人们对公平的期待以及自我权益的维护意识日益增强，需要与群众直接接触的网格员提高法治思维，利用法治来化解矛盾。

一是网格员要以身作则，成为践行法治的"先锋模范"。首先，网格员始终秉持法律至上、法律面前人人平等、权由法定、权依法使等法治观念，牢固树立依法治国是核心内容、执政为民是本质特征、公平正义是价值追求、服务大局是重要使命、党的领导是根本保证的中国特色社会主义法治理念。只有网格员在内心深处形成法律信仰、头脑之中树立法治理念，才能真正成为践行法治的"先锋模范"。其次，网格员要通过自学及参加培训等形式，不仅要把重要的法律精神、法律原则和法律规范学懂弄通，还要对法治内涵、法治文化和法治体系深入研究；不仅要认真学习宪法法律、党纪党规，还要学习与网格化治理相关的法律条文、工作方法，将法治思维入脑入心，尽量做到在法律法规的指引下妥善解决社会矛盾，增强矛盾化解的权威性和专业性，提升矛盾纠纷化解的效率。再次，网格员要自觉接受监督，把自己的言行放在阳光下接受检验，切实增强在长期执政条件下坚持依法办事和依法行政的法治责任意识，主动筑好法治的堤坝，防止权力失控和滥用，坚决杜绝以言代法、以权压法、徇私枉法，才能赢得居民信任，化解矛盾才有说服力。最后，网格员要严格遵守"法无授权不可为"的规则约束，坚决落实"法定职责必须为"的主体责任，充分保障"法无禁止皆可为"的私权自由。只有网格员运用法治思维和法治方式化解社会矛盾，才能保证化解社会矛盾的程序符合规定、化解社会矛盾的法治依据充分、化解社会矛盾的结果公平正义。

二是网格员要身先士卒，成为普法宣传的"行家里手"。网格员要甄选与服务群众息息相关的法律条文、法律案件等进行宣传，归纳出群众经常遇见的法律问题，拓展其中涉及的维护权利的法律条文和具体的维权途径，以及明确告知群众所存在的维权的不当行为，不当维权产生的后果，等等。大力宣传党和国家关于群众工作的重大战略思想和方针政策，使得人民大众能够及时获取政府出台的有利于群众日常办事的政策和具体方法，能让他们遇到现实的问题时能够第一时间明确去哪里、用什么方法寻求解决的途径。其中，网格员在普法宣传过程中要让群众有"获得感"，围绕群众身边经常出现的矛盾，精准设计普法宣传内容，实现普法宣传上的"供需平衡"，让群众觉得法就在身边，与自己的生活息息相关。网格员要"个性定制"普法宣传，根据不同的居民群体设计普法内容，在普法宣传过程中要有所偏重、有的放矢，对小区居民多讲与生活相关（如上学、住房、医疗等）的法律，对辖区内的企业职工多讲有关安全生产、权益保障等方面的法律，对辖区内的商铺多讲有关食品安全、劳动关系等方面的法律，做到精准普法、靶向普法。现阶段，网格员要做好民法典的宣传，将民法典与日常生活有机融合，以案例的形式制作普法宣传内容，让群众在与生活密切相关的事例中养成出现矛盾纠纷第一时间找法的习惯、用法的意识。

三、巧用望闻问切，提升化解效率

网格员巧用"望闻问切"四步法，关口前移，抓早、抓小、抓苗头，把各类矛盾纠纷化解在基层，消除在萌芽阶段，提升化解矛盾的效率，真正实现"小事不出社区、大事不出街道、矛盾不上交"。

一是多"望"，发现网格里的"矛盾源"。网格员要深入走访、全面梳理，认真分析、研判矛盾纠纷类型，落实级别预警、分级负责的制度。网格员与居民群众常常既要面对面，也要心连心，既要面对面"讲得明"，也要"听得清"。网格员通过入户走访、定期走访、微信互动交流等方式，及时掌握具有苗头性、倾向性、预警性的历史遗留矛盾纠纷，切实做到心中有数、化解不慌。当然，网格员还需要做好逐一建档、提前介入、全程跟踪、及时管控，做到预防走在排查前，排查走在调解前，调解走在激化前。网格员通过全面排查网格内各类矛盾纠纷，能够用热心、耐心、诚心、爱心、细心，实打实地解决好群众诉求，第一时间进行调处或配合有关职能部门和调解组织化解矛盾纠纷，做到早发现、早化解。

二是近"闻"，掌握网格里的"晴雨表"。网格员要在充分了解纠纷的基础上，与当事人面对面、心贴心地谈纠纷，做到晓之以理、动之以情，及时掌握群众的心理诉求和矛盾纠纷症结所在，零距离为群众排忧解难，真正做到底数清、情况明。比如，可以定期召开"有事好商量"活动，组织大家一起拉家常、谈心声，及时了解群众心声和所盼所想。必要时候，网格员可以把协商活动搬到小区居民的户外广场、农民耕作的田间地头、产业工人的车间工厂，让协商议事"接地气"。当然，网格员还可以利用线上"有事好商量"协商网络平台，能够通过"线上问卷""线上调研"的方式敏锐发现人民群众关心的"真问题"，通过"网络会议""线上座谈"的方式倾听人民群众身处各类矛盾问题中的"真感受"，通过"12345"转派工单和网上舆情等渠道了解辖区热点难点问题，为矛盾化解奠定感情认同基础。

三是细"问",找到网格里的"特效药"。网格员要用心、用情、用力与群众沟通交流,当好群众的"倾诉桶",寻源问根,真心听取"心情""隐情",全盘真实有效地查明矛盾纠纷根源,并与群众一起讨论"谋生法""破困技",化"被动式"走访转变为"造血式"解困,让群众"有地说话",问题"有人解决"。比如,针对辖区单位、下岗失业人员、困难群众的实际,网格员可以采取心愿墙、发放民情连心卡、召开社情民意座谈会等多种形式,围绕"柴米油盐、家长里短、病情困难"嘘寒问暖,分析症结,解决居民最难、最需、最急的问题。

四是快"切",当好网格里的"和事佬"。在矛盾纠纷化解过程中,网格员要定点"坐诊",当好网格里的"和事佬",进而打通矛盾纠纷"症结",解开群众"心结"。网格员在化解矛盾纠纷过程中要以"事心双解"为目标,坚持就近就快化解原则,找准矛盾切入点,抓问题要害,分层次、分类别进行精细调处化解,及时切断矛盾根源。针对网格中的"疑点""难点""痛点"线索,网格长及时"吹哨"网格下沉力量,召开网格舆情研判会,凝聚合力、对号入座、对症下药,做好"中间人",当好"和事佬",解决百姓点滴难事小事。

典型案例

昆山"四诊"走出基层矛盾化解新路径

近年来,香馨社区锚定党建引领,深耕群众联系,直击纠纷难点,狠抓调解实效。创新推出"四诊"矛盾纠纷化解闭环模式,多管齐下,靶向施策,全力破解各类疑难杂症,力求"止讼息争"。通过一系列举措,香馨社区成功践行新时代"枫桥经验"的昆山实践,形成"小事在网格内解决,大事不出社区范围,纠纷皆能就地化解"的良好局面。

多方"听诊",全力实现居民诉求"零距离"对接。社区特设立"话匣子信箱",为居民提供便捷的诉求反馈渠道,已累计收集17条意见及建议。每周二,社区雷打不动地开展"和邻有约"接待日活动。

活动期间,"社区干部+微网格员"与居民群众面对面交流,以"零距离"姿态倾听居民心声。针对居民提出的问题,工作人员详细阐释政策法规,精准答复各类疑问。2022年以来,该接待日活动已成功举办28次。每月,社区都会如期举办"香邻小院"议事会、楼栋长交流会等活动。在热烈的"问一问""议一议"氛围中,广泛吸纳各方观点,博采众长。通过这些活动,累计收集群众意见、建议45条,有效打通社情民意传递的"最后一米",将社区服务拓展至社区治理的最基层。

多向"巡诊",致力于实现矛盾纠纷"零暂存"。香馨社区依据"1+N"矛调工作架构,组建起一支由基层党组织引领,涵盖网格长、微网格员、楼栋长以及党员志愿者等的矛盾排查队伍。这支队伍采用错时走访入户的工作方式,深入社区各个角落,已精准掌握157条社情民意,细致摸排65件矛盾纠纷,将调解工作的前沿阵地大幅前移。他们积极充当群众的"眼睛""耳朵""嘴巴",实现从以往"坐等上门、被动调解"的工作模式向如今"主动排摸、主动解决"模式的转变,全力打好纠纷化解的"主动仗"。力求让矛盾纠纷在"网格"这一基层单元内得到有效化解,将其消除在萌芽状态。

多元"会诊",全力确保疏解堵点难点"零遗漏"。香馨社区凭借"党群半月谈""有事好商量"这类协商共治平台,对小区日常运转中出现的难点堵点进行深度剖析。秉持众人智慧、共同治理的理念,积极促进多元主体共同参与社区事务管理。社区大力完善"人民调解+法律援助+律师参与"的矛盾调解体系,成果斐然,已顺利化解33起矛盾纠纷。在处理矛盾的进程中,充分调动人民调解员、驻点律师、法律明白人等多方力量,促使他们协同合作、齐头并进,辅助解决各类矛盾纠纷,为居民提供便捷且优质的法律服务。自2022年至今,已累计为居民提供17次法律援助服务,切实满足居民法律诉求,有力维护社区的和谐稳定。

多级"复诊",致力于达成释疑解惑"零障碍"。为切实保障矛盾隐患得到切实处理，居民难题得以真正化解，香馨社区构建起"复诊"机制，全力推动事件闭环管理流程。社区精心梳理出《矛盾纠纷回访清单》，针对前期排查发现以及居民反馈的矛盾纠纷，实施动态跟踪式管理。在矛盾调解完成后的一周内，工作人员通过电话回访、上门走访等形式开展跟踪"复诊"，以确保调解工作成效显著，杜绝矛盾"反弹复发"，真正实现矛盾纠纷的妥善解决，让居民的疑惑与困扰彻底消除。

第四章　网格员需掌握哪些法律法规

本章主要依据《中华人民共和国民法典》等国家相关法律法规，普及网格员在日常工作中所涉及的关于政治安全、数据安全、矛盾纠纷、隐患排查、社会治安、反邪教、信访诉求等方面的法律法规。

第一节　《中华人民共和国民法典》相关内容

2020年5月28日第十三届全国人民代表大会第三次会议表决通过了《中华人民共和国民法典》，该法律自2021年1月1日起施行。作为新中国成立以来的首部法典，《民法典》从编纂到颁行都具有划时代的里程碑意义，它标志着我国民法体系进入新的阶段，我国公民民事权利保护开启新的征程。新编纂的《民法典》共7编，依次为总则编、物权编、合同编、人格权编、婚姻家庭编、继承编、侵权责任编以及附则。《民法典》中与网格员息息相关的内容，主要涉及第二编关于物权的法律法规、第五编关于婚姻家庭的法律法规、第六编关于继承等方面的法律法规。

一、关于物权的法律法规

《民法典》的第二编"物权"共5个分编、20章、258条，主要内容有：第一分编为通则，规定了物权制度基础性规范，包括平等保护物权的基本原则、物权变动的具体规则，以及物权保护制度。第二分编规定了所有权制度，包括所有权人的权利、征收和征用规则，国家、集体和私人的所有权，相邻关系、共有等所有权基本制度。第三分编规定了用益物权制度，明确了用益物权人的基本权利和义务，以及建设用地使用权、宅基地使用权、地役权等用益物权。第四分编对担保物权作了规定，明确了担保物权的含义、适用范围、担保范围等共同规则，以及抵押权、质权和留置权的具体规则。第五分编对占有的调整范围、无权占有情形下的损害赔偿责任、原物及孳息的返还以及占有保护等作了规定。

二、关于婚姻家庭的法律法规

婚姻家庭制度是规范夫妻关系和家庭关系的基本准则。《民法典》第五编"婚姻家庭"以现行婚姻法、收养法为基础，结合社会发展需要，修改完善了部分规定，并增加了新的规定。

三、关于继承等方面的法律法规

继承制度是关于自然人死亡后财富传承的基本制度。1985年第六届全国人民代表大会第三次会议通过了《中华人民共和国继承法》。随着人民群众生活水平的不断提高，个人和家庭拥有的财产日益增多，因继承引发的纠纷也越来越多。根据我国社会家庭结构、继承观念等方面的发展变化，《民法典》继承编在《中华人民共和国继承法》的基础上，修改完善了继承制度，以满足人民群众处理遗产的现实需要。继承编共4章45条。

第二节 《江苏省城乡网格化服务管理办法》相关内容

《江苏省城乡网格化服务管理办法》（以下简称《办法》）已于2020年11月9日经省人民政府第69次常务会议讨论通过，自2021年1月1日起施行。《办法》结合中央对创新社会治理的新要求、省委省政府对网格化社会治理的新部署和江苏社会治理的新形势，分为总则、网格和网格员、网格多元共治、网格联动和信息化、保障措施、法律责任及附则等7个章节44条内容，对城乡网格化社会治理工作进行了全面规范。具体内容如下：

《江苏省城乡网格化服务管理办法》

第一章 总 则

第一条 为了规范城乡网格化服务管理工作，完善基层社会治理机制，打造共建共治共享的社会治理格局，推进省域治理体系和治理能力现代化，根据有关法律、法规，结合本省实际，制定本办法。

第二条 本省行政区域内城乡网格化服务管理以及相关活动，适用本办法。

本办法所称的城乡网格化服务管理，是指在城乡社区及其他特定管理区域之内统一划分网格，整合各方面力量，配备服务管理人员，综合运用人力资源、科技信息化等多种手段，通过网格提供服务和进行管理的活动。

第三条 网格化服务管理应当坚持党委领导、政府负责、民主协商、社会协同、公众参与、法治保障、科技支撑的原则。

各地要充分发挥基层党组织在网格化服务管理工作中的领导作用，加强统筹谋划，推动社会治理和服务重心向基层下移,构建基层社会治理新格局。

第四条 县级以上地方人民政府负责统筹组织、协调、指导、监督网格化服务管理工作。

县级以上地方人民政府公安、民政、司法行政、财政、人力资源社会保障、市场监督管理、政务服务管理等有关部门和单位（以下简称网格化联动部门）按照各自职责做好城乡网格化服务管理相关工作。

乡镇人民政府、街道办事处负责本辖区内城乡网格化服务管理具体工作。

第五条 设区的市、县（市、区）、乡镇（街道）应当设立或者明确网格化服务管理部门或者机构（以下简称网格化机构），与同级社会治安综合治理中心一体化运行，承担城乡网格化服务管理和社会治理工作的组织协调、指挥调度、联动处置、跟踪反馈、监督检查、绩效考评等工作。

第二章 网格和网格员

第六条 本办法所称网格，是指在城乡社区及其他特定管理区域之内划分的基层服务管理单元。网格分为综合网格和专属网格。

综合网格，是指在城市社区以居民小区、楼栋等为基本单元，在农村以自然村落、村民小组或者一定数量住户为基本单元划分的网格。城市社区综合网格一般为三百户至五百户，农村综合网格一般为三百户。

专属网格，是指以城乡社区范围内行政中心、各类园区以及企业事业单位等为基本单元划分的网格。

第七条 网格由县（市、区）网格化机构会同相关部门、单位统一划分，并根据工作需要适时调整。网格的划分和调整情况应当及时报设区的市网格化机构备案。

第八条 设区的市网格化机构应当根据省网格编码编制规

范，组织编制本行政区域内的网格编码。网格编码具有唯一性。

第九条 城乡网格化服务管理工作主要包括下列事项：

（一）宣传法律、法规和国家方针政策；

（二）依法采集、登记、核实网格内的实有人口、房屋、单位、标准地址等基础数据、动态信息；

（三）排查上报网格内社会治安问题情况和公共安全隐患；

（四）协助开展突发事件预防处置、一般治安事件处置和重大活动安全保卫工作；

（五）协助排查处置网格内信访、家庭暴力和民间纠纷以及其他影响社会稳定的矛盾问题；

（六）协助村（社区）便民服务中心为网格内村（居）民提供便民、利民服务以及就业创业、社会保障、民政、卫生健康、税务等民生公共服务；

（七）协助人民法院开展文书送达、执行相关工作，协助排查走访社区矫正对象、刑满释放人员、吸毒解戒人员和肇事肇祸的严重精神障碍患者、生活无着的流浪乞讨人员等重点人群管理工作；

（八）协助村（居）民委员会、村（居）民小组开展村（居）民自治和民主议事协商；

（九）协助开展平安建设、新时代文明实践和民族团结进步创建等活动；

（十）协助开展反渗透、反间谍、反分裂、反恐怖、反邪教等安全防范工作；

（十一）协助做好涉及住房城乡建设、生态环境、城市管理等相关工作；

（十二）县级以上地方人民政府决定通过网格开展的其他事项。

第十条 县（市、区）网格化机构应当会同有关部门编制网格服务管理事项清单，向社会公布并动态调整。

纳入清单的网格服务管理事项，由网格化机构统一组织实施的，相关部门应当将相应的力量、资源、经费下沉到网格。

第十一条 网格员是指在网格中从事服务管理工作的人员，包括网格长、专职网格员和兼职网格员。综合网格的网格长和专职网格员是城乡社区工作者的组成部分。

第十二条 网格长负责组织协调网格内的服务管理工作。

网格长应当由城乡社区党组织、村（居）民委员会除主要负责人以外的组成人员或者专职网格员担任，由乡镇（街道）网格化机构会同城乡社区党组织、村（居）民委员会确定。

第十三条 专职网格员具体从事所在网格的服务管理工作。

专职网格员主要从现有社区工作者和相关部门基层辅助人员中选任。确实需要又具备条件另行招聘专职网格员的，由乡镇人民政府、街道办事处会同县（市、区）网格化机构、人力资源社会保障和民政部门按照规定统一招聘。

城市综合网格应当配备专职网格员，有条件的农村综合网格根据需要配备专职网格员。

第十四条 担任专职网格员，应当具备下列条件：

（一）拥护中国共产党领导，遵守法律、法规，品行端正；

（二）年满十八周岁的中华人民共和国公民；

（三）具有符合岗位要求的文化程度和工作能力；

（四）具备履行职责的身体条件以及其他应当具备的条件。

具有下列情形之一的人员，不得担任专职网格员：

（一）受过刑事处罚或者涉嫌犯罪尚未结案的；

（二）曾被行政拘留、司法拘留的；

（三）曾被国家机关、事业单位开除公职的；

（四）被依法列为失信联合惩戒对象的；

（五）法律、法规、规章规定的其他情形。

第十五条　兼职网格员协助网格长、专职网格员开展工作，可以由国家工作人员、人大代表、政协委员、人民调解员、村（居）民代表以及各类志愿者等人员担任。

第十六条　网格员接受乡镇（街道）网格化机构和村（居）民委员会管理，履行网格服务管理职责。

乡镇（街道）网格化机构应当制定网格员工作职责，督促网格员下沉网格，贴近服务对象，常态化走访网格内群众、企业，收集服务需求，及时记录社情民意，做好上情下达和下情上传工作。

任何单位和个人不得要求网格员从事下列工作：

（一）超出当地网格服务管理事项清单中应当由网格员实施的事项；

（二）实施行政许可、行政处罚、行政强制措施等依法应当由行政机关工作人员实施的事项；

（三）违反法律、法规、规章规定的事项。

网格员依法履行职责的行为受法律保护。

第十七条　网格员不得有下列行为：

（一）泄露国家秘密、商业秘密或者个人隐私；

（二）利用工作之便为自己或者他人谋取私利；

（三）在工作中弄虚作假、推诿塞责；

（四）态度蛮横、行为粗暴或者故意刁难服务管理对象；

（五）其他违法违纪行为。

第十八条　县（市、区）网格化机构应当统一专职网格员标志标识，发放工作证件。

县（市、区）人民政府和乡镇人民政府、街道办事处应当为网格员配备必要的装备设备。

第十九条　乡镇人民政府和街道办事处应当在村（居）民主要活动场所或者显著位置公布网格名称、区域范围和网格长、专职网格员的姓名、联系方式等信息。专职网格员和网格范围调整的，应当及时更新相关信息。

县（市、区）网格化机构和乡镇（街道）网格化机构应当向社会公布监督电话等举报渠道，接受单位和个人对网格员的投诉、举报，并依法及时处理。

第二十条　县级以上网格化机构应当建立健全网格员选用退出、工作规范、绩效考核、教育培训、抚恤优待、人员档案等制度。

第三章　网格多元共治

第二十一条　网格化联动部门对负责办理的网格服务管理事项，应当按照规定办结并反馈；对委托网格承担的工作任务，应当对网格员进行业务指导，提供服务支持；对掌握的网格化服务管理数据，应当按照规定汇入网格化数据中心共享共用。

第二十二条　网格化机构应当为法官、检察官、人民警察、律师、信访工作人员、人民调解员、法制宣传员等进入网格开展法治宣传、便民服务、排查化解矛盾纠纷提供协助和保障。

第二十三条　网格化机构应当协调工会、共青团、妇联、残联等人民团体发挥自身优势，协助做好城乡网格化服务管理工作。

第二十四条　各级地方人民政府应当通过政府购买服务、公开竞争、公益创投等方式，培育引导城乡社区服务等社会组织实施网格化服务项目。

第二十五条　鼓励志愿服务组织和志愿者参与城乡网格化服务管理，开展各类便民、惠民等志愿服务。

第二十六条　县（市、区）网格化机构、乡镇人民政府、街道办事处和村（居）民委员会应当促进网格化服务管理与基层群众自治的有效衔接，拓宽村（居）民参与城乡网格化服务管理的渠道，引导村（居）民参与城乡网格化服务管理工作，实现群众自我管理、自我教育、自我服务。

第四章　网格联动和信息化

第二十七条　设区的市、县（市、区）应当推动社会治理机构一体化建设，实现平安建设、矛盾纠纷调处、信访接待、公共法律服务以及网格化服务管理等一体化运行。

网格化联动部门根据需要安排人员派驻网格化机构，开展网格化服务管理相关工作。

第二十八条　设区的市、县（市、区）网格化机构应当加强网格化服务管理的信息化建设，按照全省统一的数据、功能标准建设网格化社会治理智能应用平台（以下称网格化平台）。

第二十九条　单位和个人可以通过网格化平台、网格员等提出网格化服务管理需求。通过网格员提出的服务管理需求，应当录入网格化平台。

网格联动部门对网格化机构交办的服务管理需求应当及时办理，并通过网格化平台反馈办理情况。网格化机构应当将办理结果告知提出需求的单位和个人。

第三十条　网格服务管理中发现重大矛盾纠纷、问题隐患、群体性事件、突发性事件以及其他重大紧急情况的，网格长、专职网格员应当及时向乡镇（街道）网格化机构报告，乡镇（街道）网格化机构应当及时处理，并按照规定向有关部门报告。

第三十一条　网格化机构应当加强网格化信息安全管理，严格落实信息系统安全管理责任，建立安全管理和应急处置机制，确保数据安全。

第五章　保障措施

第三十二条　城乡网格化服务管理工作经费由县（市、区）人民政府、乡镇人民政府（街道办事处）统筹保障。

第三十三条　专职网格员享受城乡社区工作者薪酬待遇。有条件的地方可以建立与网格员业绩挂钩的绩效奖励和工作补助机制，其他兼职网格员可以按照规定发放工作补助。

第三十四条　网格长和专职网格员享有基本养老、医疗、失业、工伤、生育等社会保险保障待遇，有条件的地方可以为其建立住房公积金。

乡镇人民政府、街道办事处可以为网格员办理人身意外伤害保险等商业保险。

第三十五条　网格化服务管理工作应当纳入地方各级人民政府绩效管理，由网格化机构具体负责考核评议。

第三十六条　地方各级人民政府及其有关部门对在网格化服务管理工作中作出突出贡献的单位和个人，根据规定给予表扬和奖励。对表现突出的网格长和专职网格员，可以优先晋升岗位等级；在招聘事业单位或者国有企业工作人员、选拔乡镇（街道）干部时同等条件下可以优先考虑。女性网格长和专职网格员，可以优先发展为村（居）妇联执委。

第三十七条　设区的市、县（市、区）人民政府应当建立健全网格员职业技能培训机制。可以依托行政学院、高等院校、职业院校、社区教育机构等，设立网格学院、培训专业、培训中心、培训项目等，通过拓展线上培训平台，开发数字教育资源，开展网格员服务管理专业技能和业务培训，提高网格员的综合素质和水平。

第三十八条　地方各级人民政府及其有关部门、新闻媒体应当广泛宣传网格化服务管理工作，推广先进典型和经验做法，引导社会各方主动参与网格化服务管理，营造共建共治共享的良好氛围。

第六章　法律责任

第三十九条　违反本办法规定，在网格化服务管理工作中，有关国家机关及其工作人员滥用职权、玩忽职守、徇私舞弊的，对直接负责的主管人员和其他直接责任人员依法给予处分；构成犯罪的，依法追究刑事责任。

第四十条　网格员因履行职责，侵犯单位和个人合法权益造成损害的，由乡镇人民政府、街道办事处承担法律责任。乡镇人民政府、街道办事处认为不属于其责任承担范围的，可以提请县（市、区）人民政府确定责任承担主体。

第四十一条　任何单位或者个人对网格员及其近亲属实施滋扰、恐吓、威胁、侮辱、殴打、诬告、陷害、侵犯隐私等行为，构成违反治安管理行为的，由公安机关依法处罚；构成犯罪的，依法追究刑事责任；造成人身、财产损害的，依法承担民事责任。

第七章　附　则

第四十二条　专属网格实行主管部门和属地双重管理，其服务管理工作纳入城乡网格化服务管理体系。专属网格服务管理工作由网格所在单位负责，参照本办法有关规定执行。

第四十三条　设区的市人民政府可以根据本办法，结合本地区实际制定实施细则。

第四十四条　本办法自 2021 年 1 月 1 日起施行。

第三节　各城市（地区）网格化服务相关条款

本节着重介绍两部分内容：一是江苏省外部分城市（地区）网格化服务管理条例；二是江苏省各地区网格化服务管理条例。

一、江苏省外部分城市（地区）网格化服务管理条例

1.《衢州市城乡网格化服务管理条例》是全国首部网格化服务管理方面的地方性法规，是近年来衢州市党建统领基层治理特色做法的制度性成果，也是推动衢州市域社会治理现代化的法治保障。2020年1月1日，《衢州市城乡网格化服务管理条例》正式施行。《衢州市城乡网格化服务管理条例》充分体现地方创制性立法"轻型化、简约化"的特点，致力于从网格这个"小切口"完善基层治理这篇"大文章"，通过简短的二十六条规定，将衢州市行之有效的城乡网格化服务管理机制措施以立法的形式进行总结固化、系统规范，把衢州市委关于基层治理的重大决策成果转化为法制成果，为推进市域治理现代化提供法治保障。

《衢州市城乡网格化服务管理条例》共二十六条，对城乡网格化服务管理工作的基本原则、职责分工、村（居）民权利义务、网格划分、工作事项、人员选任和保障措施等内容予以规定。该条例也充分彰显立法的地方特色、基层特色，规定了资源下沉、组团联村、周二无会日、红色网格联队和红色物业联盟等特色工作内容。

《衢州市城乡网格化服务管理条例》

第一条 为了规范城乡网格化服务管理工作，优化基层公共服务和管理，加强基层治理自治、法治、德治融合，深化平安建设和法治建设，推进基层治理体系和治理能力现代化，根据有关法律、法规，结合本市实际，制定本条例。

第二条 本条例适用于本市行政区域内的城乡网格化服务管理及其相关活动。

本条例所称城乡网格化服务管理，是指在基层设置综合网格，配备服务管理人员，运用信息化技术等手段，做好网格内党的建设、综合治理、政策法规宣传、社会保障、应急管理、便民服务、合法权益维护等工作的服务管理体系。

本条例所称网格，是指根据相应标准，在本市所辖村、社区及其他特定空间区域内划分的基本服务管理单元。

第三条　城乡网格化服务管理工作应当坚持中国共产党的领导和政府负责、社会协同、公众参与、法治保障的原则。

第四条　市、县（市、区）党委领导城乡网格化服务管理工作。市、县（市、区）城乡网格化服务管理工作主管部门负责统筹组织、协调、指导、监督城乡网格化服务管理工作。

综合行政执法、民政、大数据发展、营商环境建设、市场监督管理、应急管理、公安、信访、司法行政、人力资源和社会保障、卫生健康、生态环境、农业农村、自然资源和规划、住房和城乡建设、文化广电旅游、退役军人事务、民族宗教等部门应当按照各自职责做好城乡网格化服务管理工作。

工会、共产主义青年团、妇女联合会等组织协助有关部门做好城乡网格化服务管理工作。

鼓励国家机关、企业事业单位、社会组织参与城乡网格化服务管理工作。

第五条　乡（镇）党委、街道党工委领导本辖区内的城乡网格化服务管理工作。

乡（镇）人民政府、街道办事处负责本辖区内的城乡网格化服务管理具体工作，履行下列职责：

（一）负责网格长、专职网格员、兼职网格员、网格指导员的选任、管理、培训、考核；

（二）执行网格事务准入标准和政策；

（三）健全社会治理综合指挥机构；

（四）办理城乡网格化服务管理信息平台或者上级交办的工作；

（五）组建联村（社区）服务团队；

（六）其他应当履行的职责。

第六条　村、社区党组织领导本村、社区的城乡网格化服务管理工作。

村（居）民委员会应当协助乡（镇）人民政府、街道办事处开展城乡网格化服务管理工作，配合联村（社区）服务团队开展相关服务，发动和组织村（居）民参与城乡网格化服务管理工作。

第七条　鼓励村（居）民参与城乡网格化服务管理工作。村（居）民有权享有城乡网格化服务管理工作提供的相关服务，有权对所在网格的网格长、专职网格员、兼职网格员、网格指导员的工作提出意见、建议，监督城乡网格化服务管理工作。

村（居）民应当依法配合做好基础数据、动态信息采集等城乡网格化服务管理工作。

第八条　鼓励具有中国共产党党员、公职人员身份的村（居）民做好下列工作：

（一）到居住地登记基本信息，参与村、社区共建共治；

（二）符合条件的，担任居住地所在网格兼职网格员；

（三）按照要求开展联系村（居）民家庭的联户活动；

（四）完成其他城乡网格化服务管理工作。

第九条　乡（镇）人民政府、街道办事处根据网格划分的具体办法在村、社区划分网格。其他部门、单位不得在村、社区另行划分网格，法律法规另有规定的除外。

网格以村民小组、居民小区、楼幢、路街等为单位进行划分，网格内常住村（居）民户数一般为三百户至五百户。

网格划分具体办法由县（市、区）城乡网格化服务管理工作主管部门根据地域面积、人口分布、产业布局、社会发展等因素的要求制定。

第十条　城乡网格化服务管理工作主要包括下列事项：

（一）宣传国家方针政策、法律法规，倡导社会主义核心价值观，引导村（居）民自觉遵纪守法、文明有礼；

（二）依法采集、录入、更新网格内的实有人口、住所、建筑物、重点场所、组织机构等基础数据、动态信息；

（三）对网格内社会治安问题和公共安全隐患开展排查整治；

（四）依法排查网格内信访、民间纠纷和其他影响社会稳定的矛盾问题，协助有关调解组织和部门开展调处；

（五）根据"最多跑一次"改革有关规定，对村（居）民需要办理的事项提供帮助办理、代为办理等便民、利民服务；

（六）为村（居）民提供与其工作、生活密切相关的社会保障、民政、卫生健康等民生公共服务，协助开展志愿服务活动和特殊人群关爱服务；

（七）依法协助村（居）民自治，协助开展民主议事协商；

（八）协助推进重点工作和重点项目；

（九）完成其他交办事项。

市、县（市、区）城乡网格化服务管理工作主管部门应当根据前款规定建立网格工作事项准入制度，制定工作事项清单。

市、县（市、区）有关部门、单位应当为网格工作事项的开展提供必要的教育培训、业务指导、工作条件、信息支持等帮助。

第十一条　网格应当配备网格长、专职网格员、兼职网格员、网格指导员。

网格长、专职网格员、兼职网格员选任配备、调整退出等事项的具体办法，由县（市、区）城乡网格化服务管理工作主管部门制定。

鼓励、支持和引导本村、社区党组织领导成员、村（居）

民委员会成员担任网格长、专职网格员。

第十二条　网格指导员一般由乡（镇）、街道驻村、社区干部或者负责联系村、社区的市、县（市、区）国家机关干部兼任。

第十三条　网格长是所在网格的服务管理工作总责任人，应当组织专职网格员、兼职网格员做好本条例第十条第一款规定的工作事项。

专职网格员协助网格长开展工作，并完成网格内基础数据、动态信息采集上报等工作。

兼职网格员协助网格长和专职网格员开展工作。

网格指导员指导、督促、协调、参与城乡网格化服务管理工作。

第十四条　乡（镇）人民政府和街道办事处应当在村（居）民主要活动场所公布网格名称、区域范围和网格长、专职网格员、兼职网格员、网格指导员的姓名以及联系电话等基本情况。

鼓励通过网络、联系卡等方式公布前款规定的网格基本情况。

第十五条　市、县（市、区）有关部门、单位根据城乡网格化服务管理工作需要，通过向乡（镇）人民政府、街道办事处派驻人员、交换数据等方式，做好城乡网格化服务管理工作。

乡（镇）人民政府、街道办事处通过整合资源、健全制度、加强管理等方式，提高城乡网格化服务管理能力。

第十六条　市、县（市、区）有关部门、单位应当根据市有关规定，安排人员定期到村、社区做好城乡网格化服务管理有关工作。

乡（镇）人民政府和街道办事处可以根据工作需要安排前

款规定的有关人员参加联村（社区）服务团队。联村（社区）服务团队应当定期到所联系的村、社区、网格开展指导和服务工作，做好收集社情民意、维护公共安全、解决民生难题等工作。

联村（社区）服务团队实行团长负责制。团长一般由乡（镇）人民政府和街道办事处有关负责人担任。

第十七条　网格长、专职网格员、兼职网格员、网格指导员、联村（社区）服务团队成员、联户党员、村（居）民小组长、村（居）民代表等人员组成网格工作队伍，共同做好城乡网格化服务管理工作。

网格长、专职网格员、兼职网格员、网格指导员应当参与所在网格的物业管理协调联动工作。

第十八条　市、县（市、区）、乡（镇）、街道社会治理综合指挥机构负责城乡网格化服务管理信息平台日常运行，承担信息平台接收事项的受理、流转、交办和督办，开展基层治理大数据研判工作。

第十九条　市、县（市、区）人民政府及有关部门、单位应当按照国家和省有关规定开展城乡网格化服务管理有关业务信息的采集、交互、共享、加工、研判等工作，将有关的信息系统接入信息平台，及时向信息平台提供相关信息数据资料。

信息平台应当实现村（居）民意见的线上交换处理，方便村（居）民了解村、社区事务、反映社情民意。

鼓励村（居）民通过运用信息技术手段，共同参与城乡网格化服务管理工作。

第二十条　网格长、专职网格员、兼职网格员对在工作中收集的村（居）民意见、问题隐患等事项，应当及时予以协调解决；不能解决的，应当通过信息平台或者其他途径，按照管理职责分别报送村（居）民委员会、乡（镇）人民政府、街道办事处、市、县（市、区）有关部门和单位依法处理。承办单位对办理的事项，应当及时办理并在规定时限内反馈。

信息平台接收事项受理、交办、转办、协调处理、结果反馈等程序和时限规定，由市城乡网格化服务管理工作主管部门制定具体办法。

第二十一条　社会治理综合指挥机构应当建立健全信息安全保障体系，建立和实施信息使用管理分级准入授权制度，确保数据及服务管理对象个人信息安全。

网格长、专职网格员、兼职网格员、网格指导员以及其他参与城乡网格化服务管理工作的国家机关、团体、系统运维企业及其工作人员应当依法保守在履职过程中知悉的国家秘密、商业秘密和个人隐私。

第二十二条　各级人民政府及财政部门应当按照事权与支出责任相适应的要求，统筹整合城乡网格化服务管理工作经费，保障城乡网格化服务管理工作顺利开展。

城乡网格化服务管理工作经费包括市、县（市、区）、乡（镇）、街道社会治理综合指挥机构建设、运行、维护经费以及网格工作经费等。

第二十三条　市、县（市、区）、乡（镇）人民政府、街道办事处应当加强网格长、专职网格员、兼职网格员队伍建设，建立健全业务培训、考核保障、动态管理等机制。

县（市、区）城乡网格化服务管理工作主管部门应当制定城乡网格化服务管理工作考核办法。乡（镇）人民政府、街道办事处应当制定城乡网格化服务管理工作考核细则，实行绩效考核。

对在城乡网格化服务管理工作中做出突出贡献的单位和个人给予褒扬和奖励。

第二十四条　城乡网格化服务管理工作相关的政府、部门、单位及工作人员,有玩忽职守、滥用职权、徇私舞弊、弄虚作假的,由有权机关对直接负责的主管人员和其他直接责任人员依法给予处分。

第二十五条　任何单位或者个人有下列行为之一的,由公安机关依照《中华人民共和国治安管理处罚法》等相关规定予以处理:

(一)恐吓、威胁、伤害、报复陷害、侮辱诽谤网格长、专职网格员、兼职网格员、网格指导员;

(二)破坏、抢夺网格长、专职网格员、兼职网格员、网格指导员的工作装备;

(三)阻碍网格长、专职网格员、兼职网格员、网格指导员正常履行职责的其他行为。

第二十六条　本条例自2020年1月1日起施行。

2.《滨州市社会治理网格化服务管理条例》(以下简称《条例》)是山东省第一部(全国第二部)社会治理网格化服务管理方面的地方性法规,在省内具有示范引领意义。《条例》于2021年6月29日经滨州市第十一届人民代表大会常务委员会第四十一次会议审议通过,2021年7月29日经山东省第十三届人民代表大会常务委员会第二十九次会议批准,于2021年10月1日起施行。《条例》规定事项明确、具体,针对性和可操作性强,具有滨州特色,属于小切口立法。《条例》不分章节,共十八条,对适用范围、网格化服务管理定义、工作原则、相关部门管理职责、网格划分、网格队伍、全民网格员、村(居)民权利义务、管理事项清单、网格事项办理、信息系统管理、信息安全保障、档案管理、机制保障、网格文化建设以及履职保护等诸多问题,结合滨州市实际,都作出了具体规定。

《滨州市社会治理网格化服务管理条例》

第一条　为规范社会治理网格化服务管理，推进社会治理体系和治理能力现代化，提升服务群众的能力和水平，根据有关法律、法规，结合本市实际，制定本条例。

第二条　本市行政区域内社会治理网格化服务管理及其相关活动适用本条例。

第三条　本条例所称网格，是指根据相应标准，在本市所辖城乡社区、行政村及其他特定空间区域内划分的基本服务管理单元。

本条例所称社会治理网格化服务管理（以下简称"网格化服务管理"），是指在党组织领导下，以网格为基本服务管理单元，运用信息化技术等手段，组织实施的基础信息采集、社情民意收集、安全隐患排查整治、矛盾纠纷排查化解、政策法律法规宣传、公共服务代办、信息系统数据分析、参与平安创建以及社会心理服务、疏导和危机干预等活动。

本条例所称网格员，是指在网格中从事服务管理的工作人员。

第四条　网格化服务管理工作应当坚持党委领导、政府负责、社会协同、公众参与、法治保障、科技支撑的原则。

第五条　市、县（市、区）负责网格化服务管理工作的机构，负责组织、协调、指导、监督本辖区内网格化服务管理工作。

公安、民政、财政、住房城乡建设、大数据、城市管理等参与部门和单位应当按照各自职责，做好社会治理网格化服务管理相关工作，并为网格化服务管理工作提供必要的教育培训、业务指导、工作保障和信息支持。

乡镇人民政府、街道办事处负责本辖区内网格化服务管理工作。

村民委员会、居民委员会协助乡镇人民政府、街道办事处开展网格化服务管理工作，发动和组织村民、居民参与网格化服务管理工作。

第六条　乡镇人民政府、街道办事处应当协助县（市、区）负责网格化服务管理工作的机构，按照边界清晰、因地制宜、便于服务的原则，科学合理划分网格。

网格名称、区域范围、网格员姓名及联系方式、监督电话等信息，应当在村民、居民主要活动场所公示。内容变更的，应当及时更新。

为避免管理交叉，有关部门和单位应当依托已划分的网格开展工作，不再另行划分。

第七条　网格应当配置网格员，网格员可以由村党组织、社区党组织成员和村民委员会、居民委员会成员担任。

网格化服务管理工作也可以依法通过政府购买服务等方式开展。

支持党员、村民代表、居民代表、物业服务人员、心理咨询师及志愿者等人员组成网格服务团队，协助网格员做好网格化服务管理工作。

第八条　建立全民参与网格管理工作机制，鼓励村民、居民利用信息化技术手段，参与网格化服务管理工作，弘扬社会主义核心价值观，促进互帮互助、邻里和谐、社会稳定。

第九条　村民、居民应当遵守网格化服务管理相关规定，配合网格员做好网格化服务管理工作。村民、居民是党员、国家公职人员的，应当带头做好网格化服务管理工作。

村民、居民有权享有网格化服务管理工作提供的相关服务，有权对相关工作提出意见、建议。

第十条　市、县（市、区）负责网格化服务管理工作的机构应当会同有关部门编制网格服务管理事项清单，向社会公示并动态调整。

第十一条　网格员对在工作中收集的村民意见、居民意见、问题隐患等事项，应当及时予以协调解决；不能解决的，应当按照管理职责和工作流程上传网格化服务管理信息系统，负责网格化服务管理工作的机构按照工作流程及时流转办理。

承办部门和单位应当在规定时间内办结网格化服务管理事项，并将办理结果及时反馈。流转事项不属于本部门和单位职责的，受理部门和单位应当及时向负责网格化服务管理工作的机构作出说明。

第十二条　市、县（市、区）负责网格化服务管理工作的机构、乡镇人民政府、街道办事处负责网格化服务管理信息系统日常运行，承担建档受理、分流交办、检查督促、通报考核、数据研判等工作。

参与部门和单位应当按照规定将有关信息系统接入网格化服务管理信息系统，实现数据共享。

第十三条　市、县（市、区）负责网格化服务管理工作的机构、乡镇人民政府、街道办事处应当建立健全信息安全保障体系，建立和实施信息使用管理分级准入授权制度，确保数据及服务管理对象个人信息安全。

参与网格化服务管理工作的国家机关、团体、有关单位及其工作人员、网格员应当依法保守在履职过程中知悉的国家秘密、商业秘密和个人隐私。

第十四条　市、县（市、区）负责网格化服务管理工作的机构、乡镇人民政府、街道办事处应当对网格化服务管理事项办理全过程建立电子档案，有条件的村民委员会、居民委员会可建立电子档案。

第十五条　市、县（市、区）、乡镇人民政府应当将网格化服务管理建设运行和工作经费纳入同级财政预算，保障工作正常开展。

市、县（市、区）负责网格化服务管理工作的机构、乡镇人民政府、街道办事处应当建立完善网格员管理、培训、考核、激励等工作机制，提升网格员服务管理水平。

第十六条　开展网格化服务管理工作，应当提升服务管理理念与特色文化内涵，发挥其凝聚共识、辐射认同、激励参与作用，加强网格化服务管理品牌建设。

第十七条　阻碍网格员依法开展工作，违反治安管理处罚法的，由公安机关依法处理；构成犯罪的，依法追究刑事责任。

第十八条　本条例自 2021 年 10 月 1 日起施行。

3.《黑河市网格化管理服务条例》是黑龙江省首部基层社会治理管理服务条例，已由黑河市第七届人民代表大会常务委员会第九次会议于 2023 年 3 月 22 日通过，黑龙江省第十四届人民代表大会常务委员会第二次会议于 2023 年 4 月 27 日批准，自 2023 年 6 月 1 日起施行。

该条例从网格化管理服务的宗旨，相关部门的职责，网格长、网格员的责任义务，网格管理服务事项，网格联动共治，网格运行的保障措施和法律责任等方面进行规范，保障网格化管理服务有法可依。该条例在明确网格化管理服务层级关系、专职网格员按照社区工作者管理、树立全民网格员理念、党委部门牵头实施等方面进行了积极探索和有益尝试。

《黑河市网格化管理服务条例》

第一章　总则

第一条　为了规范网格化管理服务，提升基层社会治理效能，推进市域社会治理体系和治理能力现代化，根据有关法律、法规，结合本市实际，制定本条例。

第二条 本条例适用于本市行政区域内网格化管理服务以及相关活动。本条例所称网格化管理服务，是指以网格为基本依托，坚持党建引领，统筹基层管理服务工作，整合各方力量，运用数字化、信息化等技术手段，为群众提供服务和进行管理的活动。

第三条 网格化管理服务应当坚持以人民为中心，遵循党委领导、政府主导、部门联动、各方参与的原则，构建共建共治共享基层治理格局。

第四条 市、县（市、区）网格化管理服务主管部门负责本行政区域内网格化管理服务工作的统筹指导，组织实施本条例。政法委（综合治理）牵头，民政、营商环境、数据管理、公安、信访、税务、司法行政、城市管理、住房和城乡建设、人力资源和社会保障、市场监督管理、自然资源、生态环境、卫生健康、民族宗教、农业农村、应急管理、消防救援等部门（以下简称网格联动部门）协同，按照各自职责共同做好网格化管理服务工作。工会、共青团、妇联等人民团体应当发挥职能作用，协助做好网格化管理服务工作。供水、排水、燃气、供热、供电和物业管理等单位（以下简称网格服务单位）按照各自职责做好网格内相关服务工作。

第五条 市、县（市、区）承担网格化管理服务工作的机构（以下简称网格化管理服务机构）负责本行政区域内网格化管理服务的协调、监督、绩效考评等工作。街道（乡镇）网格化管理服务机构负责本辖区内网格化管理服务的指挥调度、联动处置、跟踪反馈等工作，负责网格员管理、教育培训和年度考核。社区（村）网格化管理服务机构负责实施本辖区内网格化管理服务事项，指导和督促网格员履行职责，负责网格员日常考核。

第六条 鼓励单位和个人参与网格化管理服务，推动建立全民网格员机制。

第二章　网格和网格长、网格员

第七条　本条例所称网格，是指在城乡社区（村）以及其他特定管理区域内划分的基层管理服务单元。城市以居民小组或者住宅小区、若干楼院为单元划分网格，农村以村民小组（自然村）为单元划分网格。规模较大的行政中心、商务楼宇、商厦市场、学校、医院、园区、企事业单位等可以划为专属网格。

第八条　网格由县（市、区）网格化管理服务机构会同街道办事处（乡镇人民政府）按照因地制宜、规模适度、边界清晰、便于管理服务的原则，科学规范划分，并按照省编码规则统一编码，网格编码具有唯一性。可以根据工作需要适时调整网格。网格的划分和调整情况应当报市网格化管理服务机构备案。

第九条　有关部门（单位）应当依托已划分的网格开展工作，不得另行划分网格，法律、法规另有规定的除外。

第十条　在网格建立党组织，发挥党组织领导作用。一个网格建立一个党支部或者党小组，不具备单独组建条件的，可以成立联合党支部。

第十一条　网格应当配备网格长、网格员。网格长是所在网格管理服务工作的总责任人，负责组织协调网格内的管理服务事项。网格长由社区（村）党组织、居（村）民委员会组成人员担任。同一网格长可以对应多个网格。网格员是在网格中从事管理服务工作的人员，负责管理服务事项的办理、处置、反馈，包括专职网格员、兼职网格员和专业网格员。专职网格员原则上向社会统一招聘，实行聘用制。每个网格至少配备一名专职网格员。兼职网格员可以由人大代表、政协委员、退休党员、社区（村）自管党员、人民调解员、社会组织成员以及志愿者等人员担任。每个网格配备若干兼职网格员。专业网格员由网格联动部门、网格服务单位指派，负责本部门（单位）职责范围内网格管理服务事项。同一专业网格员可以对应多个网格。专属网格的网格员由所在单位配备，负责本单位网格管理服务事项，接受网格长的指导。

第十二条　街道（乡镇）网格化管理服务机构应当通过设立公示牌、发放联系卡等方式公布网格名称、区域范围、网格员姓名以及联系方式、监督举报电话等信息，并畅通群众反映问题、表达诉求渠道。相关信息调整的，应当及时更新。专属网格所在单位应当在主要出入口显著位置公布网格名称、区域范围和专属网格员姓名、联系方式等信息。

第十三条　网格长、网格员的选任配备、调整退出的具体办法，由县（市、区）网格化管理服务主管部门制定。

第三章　网格管理服务事项

第十四条　网格管理服务工作主要包括下列事项：

（一）宣传党的方针政策、法律法规以及居民公约、村规民约，弘扬社会主义核心价值观，倡导社会文明风尚；

（二）采集、录入网格内人、地、物、事、组织等基础数据、动态信息；

（三）通过走访巡查等方式，了解收集社情民意，反映群众诉求；

（四）排查、上报网格内各类矛盾纠纷，并协助有关部门和组织做好矛盾预防和化解工作；

（五）配合有关部门做好网格内社会治安防控、公共安全隐患排查，协助开展反间谍、反邪教等安全防范，协助开展公共卫生、自然灾害等突发事件预防处置；

（六）排查走访网格内弱势群体和特殊人群，并协同有关部门和组织开展心理疏导、救助和帮扶；

（七）为网格内居（村）民提供劳动就业、社会保险、社会救助、社会福利、卫生健康等事项的咨询、引导等服务；

（八）通过网格管理服务信息系统数据，分析研判本辖区社会治理态势，为党委政府决策提供参考；

（九）协助开展网格内民族团结进步、平安建设和文明实践创建等活动；

（十）其他管理服务事项。

第十五条　县（市、区）网格化管理服务机构应当会同有关部门编制网格管理服务事项清单，明确职责任务，经本级人民政府批准后，向社会公布。网格管理服务事项实行准入和退出调整机制。

第十六条　县（市、区）网格化管理服务机构应当制定网格员岗位职责和工作规范。网格员应当常态化走访网格内单位和群众，收集服务需求，及时记录社情民意，做好上传下达工作。网格员在履行职责过程中应当举止文明，佩戴网格员标志标识，并主动出示工作证件。网格员依法履行职责的行为受法律保护。网格员有权拒绝承担网格管理服务事项清单以外的工作。任何单位和个人不得阻碍网格员依法开展工作或者对网格员进行威胁、侮辱、殴打等行为。

第十七条　网格员在网格化管理服务工作中不得有下列行为：

（一）泄露国家秘密、商业秘密或者个人隐私；

（二）利用工作之便为自己或者他人谋取私利；

（三）在工作中弄虚作假、推诿拖延；

（四）态度蛮横、行为粗暴或者故意刁难管理服务对象；

（五）其他违纪违法行为。

第十八条　单位和个人有义务配合网格员做好基础数据、动态信息采集等网格化管理服务工作。国家工作人员应当发挥表率作用。

第四章 网格联动共治

第十九条 市人民政府应当制定统一的网格管理服务事项运行流程、管理规范，推进网格化管理服务工作规范化运行。县（市、区）人民政府、街道办事处（乡镇人民政府）应当建立联席会议制度，及时协调解决突发事件、重大安全隐患以及需要多部门解决的问题。网格化管理服务机构应当与网格联动部门、网格服务单位建立联系沟通、协调处置机制，及时办理网格服务事项。

第二十条 县（市、区）人民政府、街道办事处（乡镇人民政府）应当促进网格化管理服务与基层群众自治有效衔接，引导居（村）民参与网格化管理服务。社区（村）可以划分微网格，设立楼栋长、单元长（组长），实现精细治理、精准服务。

第二十一条 网格员对网格化管理服务中发现的问题或者群众反映的事项，实行首问负责制。能够解决的，应当及时解决，并将事项录入网格化管理服务信息平台备案；不能解决的，应当立即上报网格化管理服务信息平台。由社区（村）、街道（乡镇）、县（市、区）网格化管理服务机构按照运行流程和管理规范及时协调处理或者转至有关部门办理。网格事项办理实行限时办结制度，承办部门（单位）应当在规定时限内办结管理服务事项，并反馈办理结果。需要向群众反馈办理结果的，由网格员进行反馈；需要现场核实的，网格员应当在二十四小时内进行核实。

第二十二条 网格联动部门、网格服务单位应当建立专业网格员队伍，制定配套措施，将相应的人员配置到网格，实现本部门（单位）基层工作与网格管理服务对接联动，并提供必要的教育培训、业务指导、信息支持和经费保障。

第二十三条 县（市、区）人民政府、街道办事处（乡镇人民政府）可以通过购买服务、公益创投等方式，培育引导社会组织、市场主体等承接网格服务项目，提升社会化专业化服务水平。

第二十四条 市、县（市、区）人民政府应当加强网格化管理服务信息平台建设，完善使用功能，推动网格化管理服务有序高效运行。网格化管理服务机构应当加强网格信息安全管理，落实安全管理责任，完善信息使用分级准入制度，确保数据使用安全。网格联动部门应当将网格管理服务有关业务信息、数据资料与网格化管理服务信息平台对接融合，实现数据共享。

第五章 保障措施

第二十五条 市、县（市、区）人民政府应当将网格化管理服务工作经费纳入本级财政预算。

第二十六条 网格化管理服务工作应当纳入市、县（市、区）绩效管理，推动网格联动部门及时下沉网格解决问题。网格化管理服务机构负责对网格联动部门考核，上级网格化管理服务机构负责对下级网格化管理服务机构考核。考核应当将群众满意度作为衡量标准。

第二十七条 县（市、区）网格化管理服务机构应当统一网格员标志标识，发放工作证件，配备必要的工作设备，提供相应的工作条件。街道（乡镇）网格化管理服务机构应当对网格员进行入职前培训，网格员经培训合格方可持证上岗。

第二十八条 县（市、区）人民政府应当确定网格员薪酬、补助标准，建立薪酬正常增长机制、绩效奖励机制和工作补助机制，逐步提高专、兼职网格员薪酬待遇、补助，并将专职网格员逐步纳入社区工作者队伍管理。街道（乡镇）网格化管理服务机构应当为专职网格员办理基本养老、基本医疗、失业、工伤、生育等社会保险保障待遇，为专、兼职网格员办理人身意外伤害保险。专职网格员按照规定执行带薪休假制度。

第二十九条　县（市、区）人民政府、街道办事处（乡镇人民政府）应当加强网格员队伍建设，建立健全网格员教育培训、考核评价、激励惩戒等工作机制，建立专职网格员员额管理、动态补充机制，提高网格员管理服务能力。对在网格化管理服务中表现突出的单位和个人给予表彰奖励。对表现突出的网格长、专职网格员，在街道（乡镇）等事业单位招聘、社区工作者定向招考时，同等条件下优先录用。

第三十条　市、县（市、区）人民政府有关部门、新闻媒体应当加强网格化管理服务宣传，推广先进典型和经验做法，引导社会各方积极配合、主动参与网格管理服务，营造人人有责的良好氛围。

第六章　法律责任

第三十一条　违反本条例规定，有关部门及其工作人员在网格化管理服务工作中滥用职权、玩忽职守、徇私舞弊的，对直接负责的主管人员和其他直接责任人员依法给予处分。网格员利用职务之便为自己或者他人谋取私利，或者侵犯单位、个人合法权益的，依法承担法律责任。

第三十二条　违反本条例规定，单位或者个人阻碍网格员依法开展工作或者对网格员进行威胁、侮辱、殴打等构成违反治安管理行为的，由公安机关依法予以处罚；造成人身、财产损害的，依法承担民事责任；构成犯罪的，依法追究刑事责任。

第七章　附则

第三十三条　五大连池风景名胜区自然保护区网格化管理服务以及相关活动，依照本条例执行。

第三十四条　本条例自2023年6月1日起施行。

4.《曲靖市城乡网格化服务管理条例》是云南省首部城乡网格化服务管理领域的地方性法规，经云南省第十三届人民代表大会常务委员会第三十二次会议批准，于2022年9月1日起施行。

该条例的颁布实施为进一步推动基层社会治理工作规范化、法治化，推进曲靖市市域社会治理现代化建设提供了法治保障。该条例共10条，短小精悍、务求实效。内容从网格化服务管理工作的原则、网格界定及划分、组织协调机制、工作保障机制等方面，着力解决曲靖市网格化服务管理工作在机制不健全、网格事务杂乱、网格化服务管理发展不平衡等方面的问题。在坚守地方立法权限、保障立法合法性的同时，注重以小切口解决实际问题。

《曲靖市城乡网格化服务管理条例》

第一条 为了规范城乡网格化服务管理工作，完善基层治理机制，推进社会治理体系和治理能力现代化，根据有关法律法规，结合本市实际，制定本条例。

第二条 本条例适用于本市行政区域内城乡网格化服务管理以及相关活动。

网格是指在本市城乡社区、行政村及其他特定空间区域内划分的基层综合服务管理单元。

网格化服务管理是指在网格内以居民需求为导向，开展的政策法律法规宣传、综合治理、民生保障、应急管理、便民服务等活动。

第三条 网格化服务管理工作坚持党委领导、政府主导、部门共管、社会协同、公众参与、法治保障的原则。

第四条 网格划分以乡镇（街道）为一级网格，村（社区）为二级网格，在村（社区）以下合理划分三级网格及网格单元。

第五条 网格员包含总网格长、网格长、专责网格员、兼职网格员。

总网格长由乡镇（街道）主要负责人担任，负责一级网格内网格化服务管理事项的指挥、统筹、协调。

网格长由村（社区）主要负责人担任，负责二级网格内网格化服务管理事项的办理、处置、落实。

专责网格员由村（社区）工作人员、村（居）民小组负责人、物业服务企业人员及其他符合条件的人员担任，负责三级网格内网格化服务管理事项有关信息的收集、上报，办理其职责权限范围内的网格化服务管理事项。

兼职网格员协助专责网格员开展工作，其选任条件及职责清单由各县（市、区）结合实际制定并向社会公布。

负有网格化服务管理职能的县（市、区）各部门及其派出机构工作人员应当按照县（市、区）、乡镇（街道）的统一安排担任网格员。

第六条　市、县（市、区）、乡镇（街道）应当建立健全网格化服务管理组织协调机制，统筹协调、组织指导，推进网格化服务管理工作有序进行。

负有网格化服务管理职能的市、县（市、区）各部门应当根据职责权限，按照重心下移、力量下沉、保障下倾的要求，制定配套措施，将本部门基层工作与网格化服务管理全面对接、协调联动。

第七条　市、县（市、区）、乡镇（街道）应当促进网格化服务管理与基层群众自治有效衔接，引导居民参与网格化服务管理工作。

鼓励人民团体、企业事业单位、社会组织参与网格化服务管理工作。

第八条　市、县（市、区）人民政府应当按照事权与支出责任相适应的要求，将网格化服务管理工作经费纳入同级财政预算。

村（社区）按照相关规定，可以将集体经济收益用于补助网格化服务管理工作经费。

第九条 违反本条例规定，网格员在网格化服务管理工作中滥用职权、徇私舞弊、玩忽职守的，由相关部门依法追究责任。

第十条 本条例自2022年9月1日起施行。

二、江苏省各地区网格化服务管理条例简介

1. 南京市出台《南京市城乡网格化服务管理实施细则》，全面规范城乡网格化服务管理工作。实施社工和网格员队伍一体建设、一体管理，制定并落实"三岗十八级"晋升机制和薪酬体系，保障网格员队伍的稳定性、专业性。南京印发《关于深入推进"精网微格"工程 建立微网格治理机制的指导意见》，科学规划微网格工作体系，扎实推进"精网微格"工程。比如，建邺区探索"微网格"治理，对既有网格进行优化整合，减少综合网格10%、专属网格20%，同时，细化网格分类，将网格分为无物业、无电梯的老旧小区网格，或工作任务繁重网格（A类），以及其他类型网格（B类），在此基础上，根据网格规模、人口数量、工作任务等要素，以楼栋、街边商铺组团为单位，划分"微网格"。建立一支由专属网格长、综合网格长、网格员、微网格员组成的社区网格化服务治理队伍。细化专职网格员、志愿网格员"微网格"任务清单。制定《微网格服务管理工作评估办法》，创新"弹性工作制＋清单化任务"模式，实现网格服务"24小时不断档"。

2. 无锡市出台《无锡市社会治理促进条例》，具体内容包括"总则""公共安全保障""社会治安防控""矛盾纠纷化解""基层社会治理""保障促进措施""附则"等七章。

3. 《徐州市城乡网格化服务管理条例》（2021年12月31日徐州市

第十六届人民代表大会常务委员会第五十次会议通过，2022年1月14日江苏省第十三届人民代表大会常务委员会第二十八次会议批准）。

4. 常州市推出《关于推行"一网格一支部一阵地"建设　强化党建引领网格治理的实施意见》等"1+4"系列文件。

5. 苏州市出台《关于加强基层"三治"融合发展的实施意见》，探索开辟具有时代特征、苏州特色、基层特点的社会治理新路径，确保到2025年实现党建引领下的基层自治法治德治深度融合，基层治理制度更加完善、治理方式更加高效、治理能力更加全面，基本形成多元规范、有效实施、法治服务、秩序修复、信仰培育"五大体系"一体运行的基层社会治理格局，助力推动市域治理体系和治理能力现代化走在前列，为苏州打造社会主义现代化"最美窗口"夯实法治基础。

6. 南通市出台《关于进一步加强和创新城乡社区网格化服务管理的指导意见》，结合城乡社区网格化服务管理工作，将监管网格延伸到村（居）委会，进一步做细、做实、做密网络，真正做到"纵到底、横到边、全覆盖"。2020年8月17日，市委政法委下发《关于加强专属网格服务管理工作的指导意见（试行）》，深入贯彻落实省《关于坚持和完善"大数据＋网格化＋铁脚板"治理机制　加快构建基层社会治理新格局的意见》和市《关于整合部分基层辅助力量进网格　加强基层网格队伍建设的指导意见》等文件精神，全力推动网格化服务管理工作提质增效。意见明确，以党政机关、医院、学校、企业、园区、商圈、商务楼宇、市场及市场群为划分主体，按照"规模1 000人或占地面积1平方公里"左右为基本单元的标准划分专属网格，配齐配全由网格长、网格信息员和网格志愿者组成的专属网格工作力量。意见规定，专属网格服务管理工作任务主要是摸清网格内社会治理有关情况，及时发现矛盾纠纷和安全稳定苗头隐患、加强人口服务管理等，重点抓好信息采报、矛盾化解、治安防范及业务指导等工作，并规范了工作程序。意见还就落实专属网格单位安全稳定工作主体责任，以及条线主管部门和属地双重管理责任等提出了"镇级统筹、属地管理"和"看好自己的门、管好自己的人、办好自己的事"的具体要求。

7.《连云港市城乡网格化服务管理实施细则》，于2021年12月2日发布。实施细则具体包括总则、网格和网格员、网格多元共治、网格联动和信息化、保障措施、法律责任、附则等主要内容。

8. 淮安市作为首批市域社会治理现代化试点市，强化网格力量配备，科学划分网格总数5 550个，配备专兼职网格员总数5 598名。深化网格队伍建设，制定《加强和规范专属网格管理实施意见》《加强网格员队伍专业化职业化建设实施意见》等多个"标准化"文件，拓宽网格员职业发展通道，促进队伍良性循环发展。提升网格服务水平，大力推行网格工作站、警格工作站、党建工作站"三站合一"，建成网格党建工作站5 040个，统筹社会保障、综合治理、应急管理、社会救助、法律援助等工作，使基层服务工作由"坐等上门"变"送上家门"，把服务群众的"最后一公里"变成"零距离"。

9.《盐城市城乡网格化服务管理实施细则》经市政府第77次常务会议审议通过，于2021年11月7日发布。该实施细则自2021年12月8日起施行，进一步推动社会治理和服务重心向基层下移。实施细则具体包括总则、网格和网格管理、网格员、网格联动和多元共治、网格信息化建设、保障措施、法律责任以及附则等主要内容。

10.《扬州市创新网格化精细化社会治理工作的实施意见》，具体包括指导思想、基本原则、主要目标、重点任务、组织保障五大方面。

11.《镇江市城乡网格化服务管理实施细则》是全省在设区市层面出台的首部网格化服务管理政府规章，是2021年度江苏省镇江市政府规章制定项目。该实施细则经镇江市政府第78次常务会议讨论通过，于2022年2月1日起正式施行，共8章51条。该实施细则主要阐述了网格的划分和编码、网格事项的准入和退出、网格员工作事项、网格化机构的职责、网格事件的流转、网格平台建设、网格化工作经费保障、网格员待遇保障等内容。同时，该实施细则明确了各级网格化机构工作事项，创新建立了网格服务管理事项的准入和退出机制，进一步规范了网格服务管理事项流程。

12. 泰州市出台"1+7"系列文件，全方位推进网格化社会治理创新。"1"，是泰州市委市政府印发的《关于完善网格化机制夯实社会治理基础的工作意见》，该文件针对基层社会治理中存在的网格划分不准、权责边界不清、力量配备不强、数据赋能不足等问题，对网格化社会治理工作进行了全面规范，提出推动社会治理重心向基层下移、资源向基层下沉，实现网格治理全域覆盖、无缝衔接，全面构建基层社会治理体系。"7"，是与《关于完善网格化机制夯实社会治理基础的工作意见》相配套的7个子文件，分别围绕网格党建、联勤联动、处置流程、应急响应、队伍管理、建设标准、经费奖补提出多项创新改革举措。

13. 宿迁市出台《关于坚持和完善"大数据+网格化+铁脚板"治理机制的实施意见》和《网格员职责清单》，以及《宿迁市城市社区综合网格建设导则》《加强网格员队伍建设的指导意见》《关于推进"三官一律"进网格工作的意见》。

第五章　网格员需锻炼哪些技巧

本章主要梳理网格员在实战中需要锻炼的五大技巧：组织动员群众技巧、纠纷排查化解技巧、巡查走访技巧、突发事件应对技巧、上级交办事务处理技巧，从而提升网格化服务管理效能，提高网格员业务能力，培养一支政治觉悟高、业务水平精的优秀网格员队伍。

第一节　组织动员群众技巧

社区居民是城市社区的生活主体，在城市各项日常生活与社区日常事务中发挥着重要的主体作用。网格员通过改变组织动员群众的方式与方法，加强共识、汇聚民意，进一步提升组织动员群众的能力。

一、动员群众

1. 动员群众的意义

群众参与是社区工作的重要经验，不仅是因为参与是居民的一项民主权利，更是因为群众本身才是自身需要和感受的最佳和最重要的诠释者。发动居民广泛参与社区工作，可以提高社区居民的生活质量，提升人们的意识和能力，增强个人的自主性，还能使社区成员对影响自身的社区事件和问题有更多的认识，为自己赢得更多的实际经验和资源，也有利于加强居民的归属感、满足感和安全感。

2. 动员群众的步骤

(1) 准备。动员的对象是谁？如何接触这些对象？动员群众做什么事情？用什么策略打动群众的心？如果对方抗拒，如何反应及应变？

(2) 接触。自我介绍，取得信任；了解对方想法，初步建立关系；学会倾听，使对方感到备受尊重；与他们初步了解社区问题，探讨虚实。

(3) 正确引导群众情绪。引导群众正确认识存在的矛盾和问题；促使群众认识到集体参与并合力解决问题的必要性。

(4) 邀请群众参与。时机成熟，邀请居民参与；对方同意后留下联络方式，告知行动步骤和需要做的准备；如果居民没有及时回答，可以留一些时间给他们考虑，等待他们的决定。

(5) 提醒群众参与。如果群众承诺的时间与活动开展的具体时间间隔太长，一定要在活动举办的前一天或数天以家访或电话联络的方式提醒他们；对确定没有参加的居民，在活动举行前再去提醒和动员。

(6) 赞赏群众参与。对群众的参与表示由衷欢迎、高度肯定、大力支持，并使参与者相互认识，使之有团队归属感。

二、召开居民会议

1. 居民会议的作用

居民会议是民主参与的途径之一，是参加者民主、平等表达和分享个人意见和主张，彼此加深认识，相互影响的重要路径。另外，居民会议可以交流信息、分享信息、报告工作进展；讨论问题，作出决定；增进参与者的关系和合作等。

2. 召开居民会议的步骤

(1) 会前准备。明确会议目的；内容及程序安排、资料准备；确定和通知参会人员；场地设备的安排；提前到场检查落实情况及人员联络；会前接待。

（2）会中组织。会场气氛保持民主、平等、轻松；按照议程进行，把握时间；集中讨论时间不宜太长；主持人作归纳总结等。

（3）会后促进。进一步确定会议的决定；通知未出席者会议相关的重要内容和决定；整理会议记录，将任务落实到人；做好会后执行工作，并随时通报执行进展。

3. 会议主持技巧

主持人的技巧及带动场内气氛是会议成功的关键：

（1）认真倾听发言者的意见，并观察与会者的反应；

（2）提问和邀请发言；

（3）注意澄清和引导，尤其是发言偏离主题的时候；

（4）及时综合各方意见，进行总结分析，找到共同点和分歧点，推进会议进程；

（5）多用赞美和鼓励的话语；

（6）运用身体语言，主持人的目光、面部表情、身体姿态尤其是目光和表情的运用会让参会者感觉在开放、谦和、友善、民主中受到重视；

（7）时间运用准确，不拖延。

4. 会议主持要点

（1）明确会议目的；

（2）认真计划会议进程；

（3）邀请有关、有需要的人士参加；

（4）事前向相关人员介绍会议情况；

（5）避免只有主持人一个人的声音；

（6）让所有人都有参与发言的机会；

（7）使参会者身心舒畅，能有所获；

（8）保证会议能带来行动；

（9）谨防会而不议、议而不决、决而不行、行而无人的情况。

三、社区媒体宣传

1. 定义

社区媒体是一种小范围内传播和沟通信息的媒介，与一般媒体最大的不同在于，社区媒体只针对某一特定区域及对象发行，社区媒体的内容及焦点也着重在特定区域内所发生的事情。

2. 社区媒体的形式与内容

社区媒体没有固定的形式，要根据社区的形态及资源而定。目前常见的社区媒体形式有社区报、社区电台、社区电视台、社区网站。

（1）社区通讯：报道社区生活信息，如停水、停电通知，低保金申领办法等居民关心的信息。

（2）社区活动剪影：记录并报道社区活动的进展、分工及资源整合状况、活动过程精彩节录。

（3）我爱我家：报道社区的特色、古迹采风、奇人轶事、名人追踪、老树的故事、翻开老相册等。

（4）关怀社区：报道社区内需要居民关心的人、事、物，如需要有人浇水的路树、需要送餐服务的独居老人及对社区关心付出的小故事。

（5）社区环保：介绍简易的环保方法或是发动全社区的环保活动，甚至是请居民提供各种环保小点子、家庭绿化妙方等。

（6）社区保健：介绍健康保健常识、最新医疗信息、营养膳食，或深入报道社区附近医院的各项措施及特色。

（7）社区商情报道：报道社区内商店的特卖活动、房屋租售信息等。

（8）专题报道：结合不同时期的社会关注热点，及时向居民宣传介绍有关改革的政策、观念，倡导社会新风。

（9）我有话要说：这是居民表达想法的空间，这样的媒体内容在电子式的社区媒体（如社区论坛、微信公众平台等）上可以提供较及时快速的讨论。

四、网络传媒利用

1. 制定媒介策略,发展媒介关系

在数字化时代,只有持续融合技术创新与生态协作,才能实现传播效能的指数级增长。制定媒介策略是根据问题目标、受众特征及相关环境,系统规划网络媒介选择、内容创作、投放节奏及效果评估的完整体系,旨在通过科学资源配置实现传播效率最大化;发展媒介关系是指社区与媒体机构之间的合作互动模式,涵盖信息传播、资源整合及长期战略合作,目标是构建互信共赢的传播生态。

2. 利用网络媒介,做好传播报道

具体来看,网格员作为基层治理的关键角色,用好网络媒介能显著提升服务效率、增强居民互动、优化信息传播。应当紧紧围绕居民"愿意看、用得上"原则,设计并实施一系列有效的传播策略。

(1) 网络媒介的选择。明确网络媒介的核心功能,根据不同工作目标,如信息发布中枢、居民服务窗口以及舆情监测哨点等,选择不同的网络媒介平台。

(2) 传播内容形式的选择。根据传播内容选择不同的传播形式,如实用科普类,多用漫画、短视频等方式;政策宣传类,多依托官方媒介平台彰显信息的准确性和权威性;舆情调解类,多依托短视频平台(抖音/快手)、微信群/QQ群等,以求快速突出核心信息。

总的来说,网格员用好网络媒介需遵循"内容精准、互动高频、响应及时"原则,同时强化自身数字技能与心理韧性。通过"线上发动+线下落地"的闭环,既能提升治理效能,又能增强居民对社区的认同感。

五、组织志愿者

1. 志愿者工作的意义

(1) 表达爱心及人文关怀等;

（2）体现互助互爱、互相学习的精神；

（3）人人平等参与，互相激发潜能，共同奉献社会；

（4）增进人与人之间的接触，协助反映社会问题及服务对象的需要；

（5）提供、丰富人力资源，协助加强及改善服务的素质；

（6）志愿者可作为桥梁，协助加强福利机构与社区的沟通；

（7）丰富个人的生活体验；

（8）发挥所长及学习新知识和技能；

（9）尽公民责任，奉献及回馈社会。

2. 志愿者招募

（1）志愿者介绍：志愿者可以与他们身边的亲友分享宝贵的服务经验，树立典范，鼓励更多的人投身于志愿者工作行列。

（2）举办志愿者训练课程：有关机构可通过举办各种形式的个人及团体训练活动，引导及鼓励不同年龄人士，包括青少年、成人及长者参与志愿者工作。

（3）活动推广：安排在会堂、职员聚会及学校演讲等活动中，介绍志愿者工作，并配合一些宣传单、幻灯片、服务机会的宣传单及有关机构的通讯，派发给参加者作参考用。

（4）对外宣传：利用大众传播媒介（报刊、影视、广播、书籍、音像制品等）、海报、展览及公共汽车车身广告等各类形式，广泛推广志愿者工作及宣传志愿者招募的讯息。

（5）举办志愿者招募周：在地区层面举办定期的志愿者招募活动，并配合对外宣传工作，在街上设立志愿者招募站，派发宣传招募单，为有兴趣参加志愿工作的市民及时办理志愿者登记手续。

（6）印制志愿者服务资料册：内容简介包括志愿者的工作意义、权利、角色和责任，以及现有的志愿者服务机会及机构名单，并附设志愿者登记申请表，提供简易登记手续让有意参与志愿工作的市民及时办理。

（7）运用互联网及电子邮件：在互联网上提供志愿者工作的网页，详列服务性质、一般服务机会、福利团体、机构资料等各项信息，并鼓励志愿者及有兴趣参与志愿者服务的人士在网页上交流，总结做志愿者的心得。

3. 志愿者甄选

（1）事前先要清楚考虑机构需要及服务的要求，以便勾画理想的志愿者人选，包括兴趣、技能及经验等等。

（2）甄选会面应由机构职员与资深志愿者共同进行，这样的组合有助于平衡观点，更有利于日后安排工作及进行督导。

（3）设计一份详尽的志愿者登记表，以便记录有关资料。建议内容包括教育程度、宗教信仰、技能等，其他内容应包括参加志愿者的动机、期望及可服务的时间。这些资料有助于了解志愿者的背景，但机构必须小心存放及使用志愿者个人资料，不得滥用。

（4）可考虑应用一些简单的测验，帮助准志愿者了解自己的需要。

（5）要懂得因材善用，衡量应征者的体质、能力及心理状况，以配合担任不同的志愿者岗位。

（6）有系统地安排志愿者先了解他们将会负责的服务内容，使志愿者清楚机构或小组对他们的期望，并让他们有所选择。

（7）接见志愿者的地点及时间要作适当的安排，以示对他们的尊重，这有助于他们对机构及职员留下好印象，有利于建立良好的合作关系。

第二节　纠纷排查化解技巧

化解矛盾纠纷是网格员的工作任务之一。为了更好地化解矛盾纠纷，网格员必须深入调查研究，找到矛盾纠纷的症结所在，摸准当事人的"脉搏"，然后根据双方当事人的性格脾气、争议焦点等选择合适的方法去调解。下面介绍实践中总结出的调解方法：

一、面对面调解法

面对面调解法是指网格员在调解民间纠纷时,将纠纷当事人召集在一起,当面摆事实、讲道理,在调解的过程中双方当事人和网格员同时在场的调解方法。

这样做有利于凸显网格员的中立地位,保障程序公正。面对面调解法一般在以下两种情况中可适用:

(1) 适用矛盾较小、涉及亲情类的纠纷。当事人之间或者分歧不大,或者矛盾不尖锐,或者纠纷当事人之间有一定的感情基础,需要坐在一起来解决问题,如家庭、婚姻、邻里、同事、朋友之间的纠纷大都可以运用此调解方法。

(2) 适用于双方分歧逐渐缩小、对抗性不强、情绪也较稳定的情形。此类情形是在网格员做了大量工作的基础上,当事人双方的分歧越来越小,情绪也趋平稳冷静,有可能进行理智协商的情形下,宜采用面对面调解的方式。在面对面调解过程中,为了防止场面失控情形的出现,网格员必须有能力主导话题、安抚情绪。一旦场面失控,网格员要注意把握时机、灵活应对或者中止调解。

二、背靠背调解法

背靠背调解法是指网格员在调解民间纠纷时,分别对当事人进行个别谈话沟通,在调解的过程中只有一方当事人和网格员在场的调解方法。换句话说,就是调解时不让当事人进行直接面对面的沟通,而是由调解员分别对当事人进行说服、教育,使双方不断让步,分歧趋于接近,从而促成调解的方法。背靠背调解法一般适用于网格员需要私下了解当事人想法的情况,比如想了解当事人的谈判底线时,或者当事人情绪较激动、双方存在明显的对抗情绪时,或者适用于当事人固执己见、对事实的认识分歧较大的情形。

典型案例

松山区人民法院"以调促和"

近日,松山区人民法院通过"以调促和"的方式成功调解了一起损害赔偿纠纷案,在保护当事人合法权益的同时,助力企业健康发展,获得了双方的一致好评。

2023年1月15日,原告宋某在被告于某的烟花爆竹经销处购买了烟花。1月29日,原告宋某在燃放烟花过程中发生爆炸,造成本人受伤及周边商铺财产受损。原告宋某了解到,被告烟花经销处所销售的烟花系从被告赤峰某烟花爆竹批发有限责任公司购进。原告宋某认为被告于某的烟花经销处所售出的烟花及被告赤峰某烟花爆竹批发有限公司所生产的烟花质量不合格,造成原告人身及财产损失22 161元,二被告应承担赔偿责任,遂将其诉至松山区人民法院。

区法院涉企诉讼中心接到该起纠纷后,承办法官第一时间联系了双方当事人,进一步了解案情后得知,原告宋某购买烟花用于开业庆典,在燃放过程中,烟花发生爆炸。由于爆炸的冲击力过大,周边商铺的玻璃、门牌等被炸碎,碎玻璃将原告宋某头部划伤,产生医疗费686元,周边商铺财产损失21 475元。

承办法官及网格员考虑到,该案同时涉及企业名誉、人民群众健康权以及后续诉讼中启动鉴定程序或进入执行程序等一系列问题,如果生硬地作出裁决,对双方均有不利后果。经双方当事人同意,决定将此案导入诉前调解程序,由网格员主导继续组织双方开展调解工作。网格员在与二被告沟通时,从情理角度切入,开业燃放烟花本来是件喜庆事,结果发生了"悲剧",难免让原告心里有些忌讳。原告宋某头部受伤,仅主张赔偿686元的医疗费,没有主张自己商铺的财产损失,合乎事实与情理。二被告在认可所销售的烟花存在质量不合格问题的同时,表示同意调解并解决纠纷,但因近几年企业创收不佳,只能赔偿12 000元。

　　在稳定原告情绪的同时，办案人员又向原告进行释法讲理，告知其燃放烟花的时间、地点均为禁止燃放烟花的时间、地点，自身行为存在一定的过错，又提到企业经济压力较大。原告在充分理解被告企业经营困难和自身过错的同时，表示可以接受调解工作，并将损失金额降低至20 000元。

　　经过网格员"背靠背"疏导后，双方的情绪逐渐缓和，也表现出同意解决纠纷的意愿，在此基础上，调解员再次组织双方"面对面"调解。原被告双方放下顾虑，充分表达了自己的想法，最终，双方自愿达成一致协议，二被告赔偿原告人身及财产损失17 000元，并当庭履行完毕。

三、换位思考法

　　换位思考法，即在解决纠纷过程中，促使网格员与当事人双方均能置身于对方的立场，体验并思考问题，洞察对方的情感与态度，进而达成情感共鸣，以增进相互理解，并促使双方调整自身的观点与态度。

　　运用体现在以下两个方面：

　　一是网格员与当事人之间的换位思考，也就是网格员要站在纠纷当事人双方的立场和角度，促使当事人全面解决纠纷。网格员站在当事人的立场，有助于与当事人顺利沟通，得到对方的信任。

　　二是引导当事人之间的换位思考，网格员引导、启发纠纷当事人相互在对方的立场上考虑问题。

　　在引导、启发当事人换位思考时，要特别注意，引导、启发当事人互相之间进行换位思考，并不是直接告诉当事人对方的想法及感受，而是应当通过告知对方的处境等背景和不断提出适当问题的方式引导，比如提出"如果是你，你会怎么办？"这种问题，让当事人自己体会到对方的感受，得出正确的结论。

四、褒扬激励法

褒扬激励法，主要涉及对纠纷当事人所具备的积极特质及在纠纷处理过程中所展现的恰当行为，通过运用激励性语言激发当事人的自尊与荣誉感，进而调动其积极性，促使当事人主动做出让步，以达成纠纷的解决。该方法的核心在于通过正面的激励手段，引导当事人以积极的态度参与纠纷的解决过程。此策略要求调解人员必须具备敏锐的观察力，能够准确识别当事人的优点与长处，并适时运用充满热情的言辞进行赞赏与表扬，调解人员应不失时机地鼓励当事人以高尚的姿态和品格处理纠纷，从而推动纠纷的顺利解决。

这种方法对调解工作具有很好的促进作用：一是平稳当事人的情绪，因为大部分人都希望得到别人的支持和肯定，而对于批评一般都比较反感；二是赢得当事人的信任，缩短网格员和当事人之间的距离；三是可以堵住当事人反复不定的后路。对当事人给予肯定的评价，等于是公开给他贴了一个好的标签，会使当事人以此作为衡量自己行为的标准，从而不会做出与此相悖的行为。

运用褒扬激励法需要注意以下技巧：

（1）不能无中生有地奉承或进行虚伪的称赞。对当事人的赞扬应该是针对当事人实实在在、真真切切的优点或长处，是当事人自己认可的闪光点。

（2）对当事人的赞扬、激励要注意分寸，不能夸大。

（3）网格员可以选择多种多样的赞扬方法。网格员可以直接肯定当事人的优点，亦可引用当事人尊重、信任的其他人对他的评价，或者引用大家对他的一致看法，甚至引用对方当事人对他的客观积极的评价。

（4）适当运用"二分法"，即网格员对这类纠纷进行调解时，不能一味地赞扬激励，一定要注意当事人的两面性，该批评的地方要批评。

五、情感触动法

情感触动法，即在调解过程中运用亲情、友情、族亲、邻里关系以及调解人的感情因素，感化当事人，促进纠纷和解的策略。简而言之，该方法通过激发当事人对过往相处或共同生活美好记忆的回忆，重现彼此间同舟共济、相互包容、理解和支持的历史，从而达到和解的目的。

该调解策略通常适用于具有情感纽带的当事人，如同事、朋友、家庭成员及配偶间的纠纷。此类纠纷往往可通过情感因素得以缓解和解决。因此，网格员在采用此策略进行调解前，必须进行详尽的前期调查。首先，需评估纠纷双方是否存在稳固的情感基础；其次，需全面了解双方的交往历史及共同生活经历，即收集丰富的原始资料。只有这样，才能恰当运用此策略，并利用所掌握的资料唤起双方的旧日情感，以期达成和解。若纠纷双方缺乏良好的情感基础，则不宜采用此方法；否则，可能会产生相反的效果。

此外，在运用情感触动法时还需注意利用其他可资利用的感情因素，不要只盯着纠纷双方当事人的感情因素。

六、明法析理法

明法析理法，就是指网格员在调解过程中向当事人讲解法律法规和政策规定，向当事人讲明道理，纠正他们的某些错误观点，让他们意识到自己的有些行为和主张是于法不合、于理不通的，若他们一意孤行可能要承担不利的法律后果，从而引导当事人按照法律规定的思路寻找纠纷的解决办法。

明法析理法的适用对象大多是法律意识淡薄、法律知识欠缺的当事人。网格员要耐心讲明相关法律规定，再辅以类似案例的讲解，当事人就比较容易接受。在使用明法析理法时，根据纠纷情况的不同，网格员需要耐心再耐心地向当事人释明法律，同时也需要运用严肃的语气、简短明了的语言对当事人进行法律震慑。

在运用明法析理法时，还要巧妙地运用社会舆论对当事人的影响力，因为大多数纠纷当事人都会很在意周围人对他们的道德评价。如果当事人的行为违背道德的要求，肯定会受到舆论的谴责。舆论的压力会促使当事人选择更符合社会道德观念的行为。

七、利弊分析法

利弊分析法，即网格员从多个维度为当事人剖析接受调解或采纳特定调解方案的利与弊，旨在引导当事人做出最理性、最有益的决策。从某种程度上看，个体行为的动因，不外乎追求愉悦（利）或规避痛苦（弊）。因此，利弊分析构成了行动与不行动的根本依据。当事人在遭遇纠纷时，其思维往往受限于片面性，倾向于固执地关注事情的有利或不利方面，从而坚持己见，不愿妥协。作为网格员，其职责在于启发和引导当事人全面审视事情的利弊，通过客观权衡，做出最有利于自身的选择。

调解员在引导当事人进行利弊权衡时，内容涵盖解决纠纷所涉及的经济、时间、精力等成本，纠纷对工作、生活等方面的影响，对未来人际关系、情感关系的潜在影响，个人声誉的可能受损，调解失败后诉讼的成本与支出，败诉的可能性，胜诉后执行难的风险，以及案件可能产生的社会效应等。利弊分析法作为调解过程中最为广泛应用的策略，本质上是一种综合性的调解手段。在实际运用利弊分析法时，通常需要结合明法析理法、情感触动法等多种调解技巧。

八、热处理法和冷处理法

所谓热处理法和冷处理法的运用，是指网格员在调解工作中要掌握纠纷的火候，适时采用不同方法。有的纠纷不要急于求成，宜放一放，给当事人一个思考、回旋的余地；有的纠纷则需趁热打铁，快刀斩乱麻，否则将夜长梦多，造成恶劣的后果。

热处理法适用于纠纷简单、事实清楚或双方当事人认识基本一致的纠纷。此类纠纷一旦发生，应立即组织人员调解，避免久拖不决，使矛盾纠纷扩大或深化。同时还适用于时间紧、危害大，不及时解决就可能导致矛盾激化、造成人身伤害的纠纷，如打架斗殴、停水断电、水质污染、影响生产生活等纠纷。此类纠纷必须立即解决，使损失控制在最小范围内。

冷处理法一般针对比较激烈的纠纷。这类纠纷的当事人一般文化水平比较低，或者脾气暴躁，容易冲动失去理智。

九、调查举证法

调查举证法，即网格员亲临纠纷现场，通过实地勘察、比对案件事实，以获取可靠证据，并在此基础上组织当事人双方进行现场调解。该方法旨在实现两个主要目标：其一，为当事人提供便利；其二，现场解决双方举证无法解决的疑难问题。此法主要适用于事实难以明确的情况，不仅减少了当事人的奔波之苦，而且有助于当地群众接受法治教育，是促进法治普及的有效手段。

例如，针对界址、引水、通行等相邻关系的纠纷，现场调解法的运用尤为必要。在调解此类纠纷过程中，网格员应深入现场进行勘查，同时邀请相关专业人员、村干部、邻里及亲友参与。当事人需陈述理由、提供证据，由在场人员共同评议，以达成公正的结论。最终，通过说服责任方，推动纠纷的妥善解决。对于存在现场证据的纠纷，特别是权属类纠纷案件，如林业承包合同纠纷、环境污染纠纷等，网格员必须坚持前往争议发生地进行实地调查，现场掌握真实情况，并向当地居民了解纠纷的起因，以确保纠纷处理的公正性和有效性。

十、重点突破法

1. 抓住主要矛盾调解法

掌握主要矛盾调解法，即网格员在进行调解过程中，依据纠纷的实际情况，识别并调解在纠纷发展过程中起主导作用的矛盾，即对当事人最为关注的核心问题实施调解。

2. 抓住关键人物调解法

抓住关键人物调解法，即在纠纷调解过程中，网格员应识别并专注于对纠纷解决起决定性作用的关键人物，通过对其开展说服和劝解工作，形成初步的调解方案，并以此推动其他纠纷当事人接受该方案。该方法强调了在调解过程中对关键人物的识别和作用发挥的重要性。网格员在进行调解前需进行详尽的调查研究，深入了解各纠纷当事人的具体情况，尤其是他们在纠纷中的角色和影响力，以识别出对纠纷解决具有决定性影响的关键人物。通过采取分阶段调解策略，即先针对易于接受调解的当事人进行调解工作，达成初步协议，随后再对较难说服的当事人进行深入的说服和劝导，最终实现调解的成功。该策略体现了调解过程中的策略性和渐进性。在面对不同纠纷当事人对解决纠纷持有不同态度的情形时，网格员可首先对易于接受调解的当事人进行情感和理性上的沟通，以达成调解协议，随后再对其他当事人进行针对性的说服工作。

十一、批评教育法

批评教育法涉及在调解过程中，适时地指出当事人行为的不明确性及思想上的偏差。必须注意的是，网格员在开展批评的同时，必须避免过度指责和持续纠缠，而是应基于重大原则，确保当事人双方的权利与义务得到保障和明确，促进协商的形成。批评教育法的核心在于"点到为止"，即在不伤害当事人自尊心的前提下，引导他们认识到自己的错误并愿意改正。这种方法要求网格员具备高度的沟通技巧和敏锐的观察力，能够准确把握批评的时机和方式，以达到既纠正错误又维护和谐氛围的目的。通过模糊批评，网格员可以在尊重和理解当事人的基础上，推动调解工作的顺利进行。

十二、代入舆论情境法

代入舆论情境法，是指网格员在调解过程中，通过引导当事人关注社会公众对此类事件的观点与评价，施加一定的社会压力，促使纠纷当事人放弃不合理诉求，进而实现调解目标。该方法适用于两种特定情境：一是"熟人社会"背景下的纠纷，常见于乡村、单位内部或城市社区；二是涉及公众人物的纠纷案件。

在实施该方法的过程中，必须确保网格员充分了解公众对于纠纷的观点，同时，应细致甄别舆论的正确与否，从而利用正确的舆论导向对拒绝履行法律义务或提出不合理要求的当事人施加心理压力。例如，通过曝光少数典型的赡养案件，不仅能够促使当事人达成调解协议并主动履行赡养义务，而且能够达到"审理一案，教育一片"的社会效果。

十三、多方协助调解法

依靠多种社会力量协助调解法，就是指在调解过程中，除依靠网格员自身的力量进行调解外，还可以根据需要邀请当事人的亲友、当地有威望的人、有一定专门知识的专业人士及其他社会力量给予支持和帮助，从而完成调解工作的方法。

作为网格员，要学会调动一切可以调动的积极因素来做工作。这些积极因素包括以下方面：

（1）依靠当事人的亲友。

（2）依靠当事人家族中或者当地有威望的人。

（3）依靠媒体的力量，这里就有点像舆论压力法。

（4）依靠相关部门，一些重大、复杂或群体性的纠纷，请求相关部门到场协助。

运用多方协助调解法，网格员需注意：一要注意照顾当事人的情绪，避免盲目依靠他人调解引起当事人的不满，造成不好的后果；二要求协助调解的人从当事人的利益和社会安定团结的大局出发，运用法律和政策，自愿提供帮助和支持，公正、客观地劝服当事人。

典型案例

法官巧借外力化解健康权纠纷

都说乡邻乡亲，亲如家人。梁大与梁某是邻居，却因砌围墙发生争吵继而打架，伤了和气又对簿公堂。5月13日，北流市人民法院隆盛法庭的法官多措并举，巧借外力助调解，促成此案达成调解协议并当即履行，最终案结事了，重拾邻里乡情。

2022年1月29日上午，梁大在相邻的地方砌围墙加高，梁某觉得加高围墙妨碍其出行，为此双方发生口角后打架，梁大将梁某的后脑打伤。梁某住院20余天，花去医药费12 000余元。双方因赔偿事宜协调未果，于是梁某便向法院起诉，提出要梁大赔偿医药费、误工费、护理费、营养费、交通费、精神损害赔偿费等36 000多元。

承办法官初步了解案情后，多次向双方打电话了解想法，梁某的后脑被打伤，梁某觉得自己不能像往年一样正常去务工赚钱，这医药费等各种损失不说，还不能及时去打工，损失很大。而梁大及家人觉得自己也被打伤，不应赔偿。法官经多次背靠背调解，双方未能达成一致意见。在庭审中，法官继续保持耐心做调解工作，一方面从法律层面分析双方在打架伤害过程中都存在一定过错；另一方面从乡邻情感上对双方进行劝说，希望双方能大事化小，小事化了。双方的对立态度有了一定缓和。同时，细心的法官发现，与被告同来的大姐夫比较通情达理，于是法官直接跟被告的大姐夫交谈，大姐夫提出给他几天时间，等他回去耐心做其亲戚的工作，争取把矛盾化解；除此之外，法官又通过律师、村干部和原告的小姑做原告梁某的工作，从责任分担和赔偿数额上要求梁某作出让步。通过摆事实、讲法律、讲亲情，法官多次斡旋，厘清双方争议，解除各自顾虑，最终在开庭后的第四

> 天，促成双方达成调解协议。梁大一次性赔偿梁某各项经济损失17 500元，此案了结。
>
> 该案的成功调解，是隆盛法庭借助外力联动调解的一个缩影。2022年1月份以来，该庭共受理5件健康权纠纷案件，目前已经调解结案4件，均是借助村委干部、司法所、派出所、当事人的亲戚、朋友、族佬等外力协助调解结案，内外联动，取得了良好的法律效果和社会效果。
>
> 上述人民调解的具体方法是调解过程中经常使用的一些方法，这些方法之间并不是孤立的，有时需要根据纠纷情况结合、转化使用。在一个纠纷中可同时使用两个及以上的调解方法，特别是在调解复杂纠纷的过程中，尤为必要。

第三节　巡查走访技巧

网格员要以日常巡查走访为抓手，认真倾听群众心声，收集社情民意、宣传政策和法律法规、引导居民积极参与社区治理。

一、巡查走访原则

1. 秉持以人为本理念

所有工作皆以居民根本利益为出发点，把服务居民当作核心任务，将居民满意度奉为最高衡量标准。

2. 推动干群协同联动

将网格员的日常巡查走访工作与群众在日常生活中发现问题的反馈渠道有机融合，构建起干群携手、全面覆盖网格区域的巡查走访机制，持续提升居民在社区事务中的参与度与满意度。

3. 确保工作有效有序开展

始终坚守实事求是的原则，高度重视巡查走访工作所取得的实际成效。在人员配置上，巡查走访一般安排两人及以上共同执行，具体实施既可由单个网格独立完成，也能由相邻网格协作联合完成。

二、巡查走访任务

网格员在执行巡查走访任务时，必须全面承担四项主要工作职责，包括搜集基础数据、排查并解决矛盾纠纷、实施综合管理以及进行环境监督和整治，以实现为民服务的目标。

1. 采集基础信息

定期深入居民家中走访，对网格内的人口信息、房屋信息、单位信息等综合信息展开采集、核实与更新工作。密切关注社情动态，精准掌握突出治安问题，全面了解网格内各类服务治理对象的基本状况，对"人、事、地、物、组织"等要素做到底数清晰、情况明确。一旦获取重要信息，及时向上级部门上报，切实推动基础工作的信息化进程。

2. 排查化解矛盾

网格员应当周期性地对冲突和纠纷进行系统性检查，深入挖掘冲突产生的根本原因，并准确预测其演变趋势，以期迅速且有效地解决冲突。对于那些在短期内难以解决的难题，应依照既定层级进行上报，并同时开展对相关人员的心理疏导与稳定工作。

3. 开展综合治理

积极推行安全防范教育与宣传，严谨执行治安隐患排查及治安巡逻等任务。策划并组织"平安网格"建设活动，全面加强社区内群防群治网络构建，确保各项安全防范措施得以有效实施。在处理社区内各类案件时提供积极协助，并为刑事治安案件的侦破提供关键线索。对具有潜在违法犯罪风险的高危人群进行深入了解，并开展具有针对性的监管与教育工作，以确保各项措施得以切实执行。

4. 环境监督整治

积极配合并实施"整脏治乱"及城市综合管理活动。及时识别并阻止非法搭建、随意围栏种植、无序堆放等违规行为，积极整治小广告泛滥问题，确保所辖区域的卫生状况整洁、秩序井然、环境优美。

三、巡查走访内容

网格长与网格信息员每日至少开展 1 次网格内巡查走访工作，每次时长原则上不低于 2 小时；网格警务员依据工作实际需求，随时进行巡查走访；网格监督员每周巡查走访不少于 1 次，每月累计不少于 4 次。巡查走访过程中，务必严格落实"三个必访、三个必看、三个必查、三个必巡"的要求。

1. 三个必访

必须"访"本辖区内的党员干部及楼栋长，利用他们与群众紧密联系的优势，广泛搜集并及时反馈群众的意见和建议。必须"访"辖区志愿者，通过他们深入了解辖区居民的各类信息及需求。必须"访"辖区居民，尤其是针对上一次巡查中居民所反映和关注的事件和问题，积极跟进，及时向居民通报事件处理的进展和结果。

2. 三个必看

必须"看"孤寡及独居老年人群，应持续监测其身心健康状况，并详细记录其亲属联络信息，确保能够及时提供所需服务。必须"看"生活困难及残疾人群的生活状况，积极向他们提供低保、医疗援助、教育资助及就业培训等信息资源，以促进其生活质量的提升。必须"看"新婚夫妇、孕妇及新生儿家庭，为其提供高质量的计划生育服务。

3. 三个必查

必须"查"流动人口及租赁房屋，确保数据的准确性和情况的透明度。必须"查"潜在的矛盾和纠纷，确保全面了解各类矛盾，实时掌握第一手资料，并迅速上报及解决。必须"查"特定人群，加强对辖区内刑满释放人员、社区矫正对象、吸毒者、信访者、邪教活动参与者以及精神疾病患者的动态监控，提供针对性的服务措施。

4. 三个必巡

必须"巡"市政设施，重点检查网格内的垃圾箱、行道树、井盖等市政基础设施，一旦发现损坏，立即向相关部门报告，并跟进维修进度。必须"巡"环境卫生，积极清除沿街的非法粘贴物，督促商户严格执行"门前三包"责任制，监督居民小区物业管理部门，确保环境卫生保洁工作到位。对于发现的建筑垃圾、违章建筑，及时进行拍照并上报，同时持续跟踪处理进展。必须"巡"消防及治安安全状况，细致检查是否存在消防隐患、治安隐患，并采取措施将安全隐患消灭于萌芽阶段。

四、巡查走访要求

1. 推进巡查走访常态化

在执行巡查走访任务期间，网格员应佩戴标识性徽章以明确职责。事先拟定周密的巡查走访计划至关重要，对于帮扶对象，应确保每周进行一次走访联络；对于重点关注人员，建议每两周进行一次走访；对于网格内全体居民，至少每月应完成一次全面走访。应积极探索将常规走访与主题性走访相结合、普通群体走访与重点群体走访相融合，以及入户走访与活动参与式走访相配合的策略，旨在提高走访联系的实际成效。

2. 实现为民服务多元化

在进行巡查走访的过程中，通过分发宣传手册、悬挂标语横幅等多种方式，向辖区居民普及党和国家的政策方针，传播各类科学文化知识。特别注重为居民提供包括民政优抚、劳动就业、社会保障、文化教育、医疗卫生、食品安全等在内的与民生密切相关的多元化服务。及时回应居民的咨询问题，提供实用的便民信息。积极为老年人、残疾人、病患、孕妇等行动不便的群体提供证件代办、居家养老等便民服务。

3. 保持联系群众长效化

在执行巡查走访任务时，网格员需积极向居民推广社区（村）举办的各项活动，鼓励居民积极参与，以增强社区（村）的活力。对于居民提出的关注事项和问题，网格员应迅速采取行动并及时提供反馈，以获得居民对网格化管理工作的支持。此外，应充分利用网格公示牌、连心卡、网络QQ群等宣传交流平台，持续保持与居民的沟通和互动，充分激发公众参与网格化管理工作的热情，从而提升社会治理网格化工作的影响力。

4. 确保事件处置标准化

所有事件的处理均遵循"发现、解决、反馈"三阶段流程。对于一般性事件，网格员应立即进行现场处理，并完成相应的记录与备案工作；对于需要跨部门协作处理的事件，则按照既定层级上报至社区（村）服务站及乡（街）服务中心，以实现协调解决；对于涉及职能部门处理的事件，则由乡（街）服务中心上报至区级指挥中心，确保处理结果能够及时反馈至居民。

5. 落实档案记录全程化

网格员在巡查走访过程中发现的各类问题，必须详细记录于民情日记，包括巡查走访的时间区间、巡查的地理范围、访问的特定住户、所发现的问题、居民提出的诉求事项以及处理结果等信息。关键工作需录入民情台账，以便于后续的跟踪与督办；对于复杂问题，应迅速组织会议进行深入研究。同时，应完善与网格工作相关的档案资料，将其作为绩效考评的关键参考。

第四节　突发事件应对技巧

在日常生活、工作和学习中，安全问题时有发生，稍有不慎，就会出现一些让你出乎意料的安全问题。有时这些问题是显性的，有时是隐性的，之前没有一点征兆，让你意想不到，措手不及。那么，如何正确对待突发事件呢？

一、迅速控制事态

网格员在应对各类性质、类型的紧急事件时，必须采取积极措施，迅速做出恰当反应并有效控制局势。通过积极的态度争取时间，采取恰当的策略赢得公众信任，构建妥善处理危机的正面环境。不应从消极、被动的立场出发，避免在事件初期就陷入责任追究、相互指责和推诿塞责的困境，以免延误紧急事件的处理时机，导致处理过程陷入被动。在紧急事件发生后，网格员应保持镇定，迅速做出反应，果断采取行动。控制事态，防止其扩大、升级或蔓延，是处理紧急事件的关键和首要任务。

一方面，从心理层面上看，在遭遇意外状况和突发事件后，个体往往遭受显著的心理冲击与压力，导致多数人表现出强烈的冲动、焦虑或恐惧情绪。因此，网格员首先需控制自身情绪，保持冷静与沉着，采取冷静应对热切、静默制衡冲动的策略，以镇定自若的姿态减轻自己及相关人员的心理负担，并引导群众恢复理性思考，从而有助于意外状况和突发事件的迅速解决。心理学研究指出，个体普遍具有从众心理，即在他人行为的影响下，个体倾向于模仿并保持与他人相同的行为。尤其在心理波动较大、价值取向目标不明确的情境中，从众心理更易显现。因此，在面对突发事件时，网格员必须保持冷静，避免自身先陷入混乱。同时还要注意，当前基层发生的大多数突发事件属于人民内部矛盾范畴，群众诉求往往具有合理性或合理成分。由于急于求成，群众可能采取了过激行为。对此，应通过说服教育、解答疑惑等手段，平息情绪，化解矛盾，稳定人心。

另一方面，从组织层面上看，网格员在面对突发事件时，要积极借助党组织、政府组织力量。党组织和政府组织在维护社会稳定、处理突发事件中具有不可替代的作用。网格员应及时向上级党组织和政府组织报告，请求支援，并严格按照组织程序和规定，配合相关部门开展工作。同时，网格员还要积极协调各方资源，形成合力，共同应对突发事件，确保事态得到迅速、有效的控制。

二、准确找到突发事件症结

要真正彻底消除因突发事件造成的危机，需要在控制事态后及时准确地找到突发事件发生的原因，对症下药，使问题得到解决，这一阶段主要是做好如下方面的工作：

1. 收集信息，掌握第一手材料

突发事件的成因往往根植于事物的内在结构，潜伏于各种表象之下。为了深入理解这些成因，网格员必须广泛搜集并分析大量资料，制定出有效的应对策略。在资料和信息的搜集过程中，网格员应当迅速深入现场，细致观察事态进展，评估损害程度，并特别关注公众情绪。通过广泛征询事件当事人、目击者的反馈和观点，确保不遗漏任何具有价值的信息。在此过程中，网格员需从薄弱环节入手，寻找新的突破点，依法搜集和掌握事件的相关情况和线索，必须注意所搜集的资料的真实性。

2. 确定突发事件的性质

明确突发事件的本质属性，是危机管理的核心所在。在充分掌握丰富资料的前提下，网格员需对事件相关信息进行深入的筛选与提炼，以实现对突发事件的战略性分析。该分析过程应涵盖对突发事件主要力量来源的探究，包括其源自组织内部或外部、国内或国外，以及涉及的社会阶层或群体。同时，还需分析危机所涉及的冲突以何种方式呈现，以及其最终目标何在。因此，确定突发事件的性质，能够对危机有更深层次的理解，并据此制定出更具针对性的策略方案，以期在危机管理中占据主动地位。

3. 协助领导制定具体解决措施

在明确事件性质后，网格员必须协助领导迅速构建应对问题的总体策略。首先，策略应具备可行性。确保在现有条件下能够实施，追求实际效果而非完美。其次，策略应注重成效。在处理突发事件时，不仅要关注事件本身的处理，还要兼顾组织形象的构建。应避免采取仅针对表面症状的临时措施和缺乏远见的短视行为,而应从全面、整体、未来和创新的角度出发。最后,协助领导准备备选方案。为了应对各种不可预见的变化,必须进行多方面的慎重考虑,对可能出现的情况做到心中有数,从而确保突发事件得到妥善处理。

三、及时向社会通报事件进展

事件发生后,政府及其职能部门应迅速启动相关应急预案,组织人员深入调查、核实情况。通过政府积极行动,依法维护相关当事人的合法权益,适当时候让居民以亲身经历说明事件处理情况,让法官、律师等专业人士发表对依法处理事件的意见,并及时通过媒体向社会公布事件的真实情况,以政府公开的良好形象得到社会支持和认可。

四、果断解决问题

网格员作为基层的执行者,他们的果断执行对于决策方案的落地至关重要。网格员需要迅速理解并传达上级的决策意图,确保各项措施能够准确无误地实施到位。他们的行动效率和执行力将直接影响到危机事件的解决进程和效果。因此,培养一支反应迅速、执行有力的网格员队伍,是提升突发事件应对能力的重要一环。

1. 统一认识和行动

在紧急情况下,网格员能够在情绪波动的公众面前展示出思想高度统一且强有力的群体形象,不仅能够增强公众的信任感,还能提升自身的权威性。这种统一的认识和行动不仅体现在对决策的理解和执行上,更体现在面对困难和挑战时的坚定态度上。网格员之间需要相互支持,形成合力,共同应对复杂多变的局面。通过团队协作,网格员能够更高效地解决问题,减少决策执行过程中的摩擦和阻力,确保每一项措施都能迅速而准确地落地实施。

2. 快速评估与现场处置

在危机情境发生后,网格员必须立即赶赴现场,并通过观察、询问等手段迅速评估事件的性质及风险等级。例如，在发现疑似危险物品的情况下，应立即疏散人群、保护现场，并及时上报。同时，网格员应依据应急预案采取初步应对措施，如在火灾发生时组织疏散人群、急救伤员等。基于快速评估，网格员还应具备卓越的现场处置能力。面对不同性质的危机事件，网格员需迅速调动相关资源和专业知识，采取针对性的应对措施。例如，在自然灾害发生时，网格员需协助搭建临时避难所，分发救援物资，并确保受困群众的基本生活需求得到满足。在公共安全事件中，网格员需配合警方维持秩序，防止事态进一步恶化。此外，网格员还需密切关注现场动态，根据实际情况灵活调整处置策略，确保处置策略的有效性和安全性。

3. 信息透明与动态反馈

在应急处置过程中，网格员需要持续进行现场信息的搜集工作，包括但不限于人员伤亡情况及潜在风险的扩散态势。通过网格化管理系统或电话通信，网格员实时向上级部门汇报现场状况，并向社区居民传递官方信息，以遏制不实信息的传播。同时，网格员应利用社交媒体平台、社区广播等多元化信息传播渠道，及时向公众发布事件的最新动态，确保信息传递的准确性和时效性。在信息传递的各个环节中，网格员需保持冷静和专业，对居民的疑问和顾虑进行细致耐心的解答，以稳定居民情绪，增强社区的凝聚力。此外，网格员还应协助收集有效的信息反馈，激励居民积极提供线索和建议，以便根据实时反馈及时调整应急处置策略，优化应急响应效果。在信息的透明化和动态反馈机制中，网格员发挥着不可或缺的作用，其工作成效将直接影响危机事件的妥善解决以及社区的和谐与稳定。

五、总结经验教训

突发性事件被平息后，组织获得了相对的平静与稳定，但这并不意味着危机的完结。这时的主要工作是致力于危机恢复和危机的根本解决，因为危机公开的冲突被制止了，但引起危机的深层次的问题并没有解决。如果不从根源上控制，还会以其他方式再发生。所以此时的有关部门除恢复正常的社会活动外，更要从系统的角度查找问题出现的深层次诱因，教育广大群众提高认识，避免类似事件的再次发生，并有效地制定危机后管理工作的重点，使群众看到上级者的远见与对组织负责的精神。

1. 认真查找工作中的缺点

突发事件的出现说明我们工作中存在不少问题，例如发生在个别农村的假酒中毒事件，如果基层干部工作主动些，对农民生产、生活多关心些，事发地的工商、卫生、法治宣传、食品监管、技术监督部门的同志们能工作深入一点，对个体户的生产及与人民的饮食卫生相关联的小企业严格管理，惨剧是可以避免的。

2. 制定整改措施

事件处理后，对发现的问题，要制定出严格的整改措施。举一反三，排查隐患，见微知著，超前防范，以确保不再发生类似问题。

3. 改进工作作风

处理突发事件，虽然有方法和艺术，但方法和艺术不是万能的，关键还在于平时扎扎实实工作，要防止把主要精力放在处理突发事件上而忽视日常工作的倾向，切实转变工作作风，将危机消灭在萌芽阶段。

第五节　上级交办事务处理技巧

会办事、把事办好，是网格员最基本、最重要的技巧之一，也是办事执行的学问。

一、精准领会意图，彰显善解人意特质

网格员在接受任务之际，精准把握上级意图的核心要点与深层含义、洞悉办事的关键环节，是开展工作并达成良好成效的必要前提与根基。办事人员不能脱离这一前提我行我素。

面对上级布置工作、下达任务或发出指令时，首要任务是精准把握其本意、精神实质，以及期望达成的目的与结果，务必做到心中有数，绝不能一知半解、模棱两可，仅仅知晓表面情况，却不明内里缘由。一定要深入钻研，吃透上级指示，切不可不懂装懂，尤其是一些不明白的地方要及时请示上级明示。

其次，务必精准把握任务要点，切忌浮于表面、浅尝辄止。当上级当面交代任务之际，务必要全神贯注听清内容。但凡遇到没听明白、没准确记录的部分，应当机立断主动发问，切莫因顾及颜面，或是担忧被上级指责愚笨而有所顾虑。一定要切实弄清楚上级的真实意图，清晰掌握办事的标准、具体要求以及规定时限。

最后，要坚决避免断章取义，学会换位思考，站在上级的视角，与上级保持同频思维。在领会上级意图时，需秉持全面、系统的态度，杜绝片面、零碎的理解方式。应从多层次、多侧面、多角度去剖析、把握上级的想法，对上级的意图进行创造性的消化吸收、合理加工与筛选。

二、明确责任，科学设置预案

《礼记·中庸》有云："凡事预则立，不预则废。"如果想将好事妥善落实，把难事成功解决，就务必做好充分准备，杜绝仓促行事。否则，极易致使关系僵化，把原本的好事搞砸，将简单的事情复杂化，使得本可顺利办好的事变得棘手，能够尽快完成的事反而延误。因此，应当科学制定预案。依据所办事项的目标、标准、要求以及难易程度，将任务细化分解，把责任明确到具体人员，让每个人都能各负其责、紧密协作，避免混乱无序的工作状态。

在拟定预案过程中，需留意影响办事流程的各个细微环节、细节末梢、琐碎事项以及局部部位，尽可能预估到可能出现的意外状况、艰难困境、矛盾冲突、失败风险以及不协调因素。秉持从最困难处考量、朝最好结果努力的原则，对每个环节、每项因素都制定出对应的解决办法。对于一些特殊情况，更要多准备几套预设方案，做到宁可有备无患，也务必提前周全考虑。真正做到多费心思，思考在前、谋划在前，避免盲目行动，从而确保事情进展更为顺利。

三、借智借力，适时协调关系

办理上级交付的任务时，有时个人能力有限，难以独自完成，这就需要相关机关、部门及人员的协同配合，其中便涉及协调工作。此类协调大多属于非权力支配型。想要做好非权力支配型协调，关键在于落实以下四点：

1. 端正自身定位

协调工作应依据上级指示精神开展，切不可摆谱耍横，借上级之名肆意行事。上级的授权旨在化解矛盾、处理问题，绝不能被当作抬高自身身价的资本。

2. 尊重他人意见

对于负责协调事务的人员而言，所面临的矛盾皆源于工作，务必就事论事。要用真诚之心打动他人，多站在对方立场思考，充分倾听并接纳他人合理的意见与建议。

3. 言语恰当得体

良好的人际关系是推动工作顺利开展的重要因素。在工作协调过程中，与协作对象沟通时，要让对方欣然接受协调安排，极为关键的一点是，少用指令性措辞，多用协商口吻，切忌拿上级权威压制他人，以免破坏和谐氛围，影响彼此关系。

4. 保持平和心态

当事务繁杂、心情烦躁，多次协调无果，或是听到不同意见时，切不可急躁冒进。要能够听得进话、容得下人、装得下事，经得起委屈，具备替人承担责任的度量与涵养。面对矛盾，不能选择逃避，而应及时转换思维模式，调整工作方法。

四、梳理思路，明确轻重缓急

明晰事务的轻重缓急，是获取最佳工作成效的有效途径。有时自己手头已有工作安排，但上级可能并不知情，与此同时，一位或多位上级又交办新任务，在事务繁多、应接不暇之际，切不可毫无章法、一概而论，也不能只做表面应对、顾此失彼，整天在忙碌中疲于应付。

要梳理清晰思路，始终保持头脑冷静。依据任务的重要程度、时间的紧迫程度，或者按照上级指示，明确各项事务的优先级。紧抓关键工作，同时兼顾其他事务，做到忙而不乱、有条不紊。当上级交办的任务与自身业务工作冲突时，优先处理上级交办事项；若上级职务存在差异，优先办理职务最高者交付之事；若上级职务相同，优先处理时间要求最紧迫的任务；若上级职务相同且时间要求不紧迫，则优先办理最先接到的任务。

五、有始有终，主动反馈信息

在工作过程中，积极主动地向上级反馈工作信息，确保上级交办的每一项任务都能落实到位，都能有回应，这是对上级交付的工作秉持高度负责态度的体现。就像前文提及的流动摊贩整治问题调查，除了在事前制订周详计划，在事情推进过程中也要主动汇报工作进展或完成情况，以进一步落实上级指示精神。

结　语

当前，网格员已经成为基层社会治理的重要支撑力量，他们不仅是化解矛盾的"第一道防线"，也是政策落地与民生服务的"直通车"，更是社会治理创新的"排头兵"。他们默默无闻地奉献在社区一线，用实际行动诠释着责任与担当。因此，本书的编纂不仅是为当前的网格员工作提供一份基础性参考，更是对全国网格员辛苦付出的认可与致敬！希望通过本书，能够进一步提升网格员的工作能力与服务质量，推动基层社会治理体系的不断完善与发展，期待更多的社会力量关注和支持网格员工作，共同构建更加和谐、安全、有序的社会环境。

本书在编纂过程中不仅参考了《中华人民共和国民法典》《中华人民共和国治安管理处罚法》《中华人民共和国国家安全法》《中华人民共和国社区矫正法》《中华人民共和国安全生产法》《中华人民共和国消防法》《中华人民共和国特种设备安全法》《中华人民共和国道路交通安全法》等诸多法律规定，而且参考了《江苏省城乡网格化服务管理办法》《衢州市城乡网格化服务管理条例》《滨州市社会治理网格化服务管理条例》《黑河市网格化管理服务条例》《南京市城乡网格化服务管理实施细则》等文本，旨在为网格化工作构建、完善法治体系提供参考借鉴。

除此以外，本书案例除引自各地政府门户网站宣传报道，亦有如泰州市高港区明珠街道明珠社区、南京江心洲街道洲岛家园社区等主动提供，为本书的编纂提供了重要素材。在此，我们向所有为本书提供案例和素材的社区及网格员表示衷心的感谢。同时，本书在编写过程中还参考了许爱花、段继业等研究者的成果。囿于篇幅所限，在此不能一一列举。正是有了他们的支持与配合，本书才能更加贴近实际，更具实用性和指导性。希望未来，网格化工作能够不断发展，为社会和谐稳定做出更大贡献。